Zu diesem Buch

Susanne lispelt, Anna redet so schnell wie ein knatternder Formel 1-Rennwagen. Und wenn Moritz aufgeregt ist, kriegt er nur noch ein «N-n-n-n-nein da-da-da-danke» heraus. Stefan ist zwar schon acht, redet aber wie seine kleine Schwester mit 2½ Jahren: «Stefan haben will mehr Milli.»

Kleinere Eigenheiten in der Sprache zeigen sich ab und an bei jedem Kind. Lispeln, Näseln, Poltern, Stottern – wann sind sie normale Begleiterscheinungen der Sprachentwicklung, wann sind sie Störfälle, die einer Behandlung bedürfen?

Mit anschaulichen Beispielen gibt dieses Buch verständliche Antwort auf diese und andere Fragen.

Im ersten Teil wird gezeigt, wie die normale Sprachentwicklung verläuft und was Eltern tun können, um sie zu unterstützen.

In zweiten Teil gibt es fundierte Sachinformation über alle möglichen Störfälle des Sprechens und der Sprachfähigkeit – vom Lispeln bis zum Stammeln von G und K, vom Dysgrammatismus bis zum Poltern, vom Näseln bis zum Stottern.

Herzstück dieses Buches aber sind die 237 Spiel-Ideen, die Eltern und Erziehern zeigen, wie man spielerisch und mit Spaß den Kindern zu einer guten Sprachentwicklung verhelfen kann.

Die Autorin Gela Brüggebors ist Diplom-Pädagogin und arbeitet als Sprachtherapeutin in Hannover. Sie ist Mutter einer Tochter.

Anregungen und Kritik bitte an folgende Adresse: Büro für wissenschaftliche Publizistik Dr. Horst Speichert, Teutonenstr. 32 b, 6200 Wiesbaden.

Gela Brüggebors

So spricht
mein Kind richtig

Entwicklungen und Störungen beim Sprechenlernen
Wie Eltern und Erzieher helfen können

Mit 237 lustvollen Spiel-Ideen

Rowohlt

Dies ist ein Buch aus dem
Büro für wissenschaftliche Publizistik
Dr. Horst Speichert
Teutonenstr. 32b, 6200 Wiesbaden
Redaktion: Andreas Wagner

Umschlag: Manfred Waller,
unter Verwendung zweier Zeichnungen von Marie Marcks
Bildnachweis: Autorin (1), Harald Schmuck, Wiesbaden (die Zeichnungen)

*Für Katharina
und Jürgen*

Originalausgabe
Veröffentlicht im Rowohlt Taschenbuch Verlag GmbH,
Reinbek bei Hamburg, Februar 1987
Copyright © 1987 by Rowohlt Taschenbuch Verlag GmbH,
Reinbek bei Hamburg
Alle Rechte vorbehalten
Satz Times (Linotron 202)
Gesamtherstellung Clausen & Bosse, Leck
Printed in Germany
980-ISBN 3 499 18100 2

Inhalt

Teil I

Spiele und Anregungen zur Unterstützung der normalen Sprachentwicklung

KAPITEL 1

Julia: Vom Abenteuer, wie Sprache wird

«Haben», sagt Julia eines Nachmittags und streckt die Hand nach ihrem Teddy aus, der auf dem Schrank liegt. Mami und Papi sind begeistert. Beide verstehen, was ihre Tochter will, und denken an den Tag vor rund 13 Monaten zurück, als Julia zappelnd in der Wiege lag. Julia konnte ihre Bewegungen nicht kontrollieren, ihre Eltern nicht erkennen und war selig, wenn sie in Ruhe schlafen oder schreien konnte.

Jetzt, nur ein gutes Jahr später, kann Julia ihren Papi sehr wohl erkennen, ja ihn sogar vom Briefträger unterscheiden; sie kann ihren Arm willentlich heben und auf einen Gegenstand deuten, der ihr Interesse geweckt hat: «HABEN» – das erste Wort aus Julias Mund.

Aber dieses erste Wort ist nicht der Beginn der Sprachentwicklung – der liegt sehr viel früher. Es war Julias kräftiger Reflexschrei nach ihrer Geburt.

«Sie schreit laut, saugt und schluckt gut – ein Prachtkind», hatte schon die Kinderkrankenschwester in der Klinik anerkennend gesagt.

Das Baby Sebastian ihrer Zimmernachbarin nannte die Schwester dagegen «trinkschwach». Es wimmerte eher kläglich, als daß es laut schrie. Der Arzt legte Sebastians Mutter nahe, ihr Kind regelmäßig in der Kinderklinik vorzustellen, da es ein «Risikokind» sei.

Julia jedenfalls entwickelte sich prächtig, und ihr Vater sagte ganz stolz zu allen Leuten, die er traf: «Ein Prachtkind dank Papa.» Nach sechs Tagen verließ Julias Mutter mit ihrer Erstgeborenen das Krankenhaus.

Zu Hause beobachtete sie ängstlich jede Lebensregung ihrer Tochter.

«Trinkt Julia genug Milch?»

«Ist der Stuhl auch nicht zu flüssig?»

«Wieso schreit Julia immer so gotterbärmlich gegen 19 Uhr?»

Die ersten beiden Fragen beantwortete der Kinderarzt. Aber warum dieses entsetzliche Gebrülle jeden Abend zur gleichen Zeit? Die Windel ist doch gewechselt und das Bäuchlein voll. Da fällt Julias Mutter ein dicker alter Schinken über Säuglings- und Kinderpflege in die Hände, und des Rätsels Lösung ist gefunden.

Neugeborene schreien in den ersten Lebenswochen oft zu ihrer Geburtsstunde wie von Sinnen, heißt es da.

«Tatsächlich», denkt Julias Mutter erleichtert, «sie kam Punkt 19 Uhr auf die Welt.»

Überhaupt sind diese Wochen eine Zeit, die an die Nerven geht! Wenn Julias Vater seine Tochter zum Sitzen hochziehen will, sinkt ihr Kopf nach hinten zurück. Der Kinderarzt beruhigt die Eltern: «Julias Halsmuskulatur ist noch zu schwach, um den Kopf halten zu können. Auch die Nervenbahnen im Gehirn sind noch so unreif, daß die Kopfhaltung nicht koordiniert werden kann. Da Julias Rumpf und Gliedmaßen eine mäßige Anspannung zeigen, ist alles in Ordnung: Es liegt bei Ihrer Tochter Julia keine krankhafte Schlaffheit vor.»

Bereits in der dritten Lebenswoche meint Julias Mutter heraushören zu können, ob Julia Hunger oder Schmerzen hat oder sich nur langweilt. Schreit sie gleichförmig, hat sie meist Hunger; bei schrillem, kräftigem Schreien mit hartem Stimmeinsatz tut ihr etwas weh. Ist es nur Langeweile, beruhigt sich Julia, wenn ihre Mutter sie auf den Arm nimmt.

Im zweiten Lebensmonat hebt Julia den Kopf um 45 Grad und hält ihn etwa zehn Sekunden lang in dieser Stellung; häufig öffnet sie ihre Hände leicht. Wenn ihre Eltern in der Nähe ihres Ohres eine Glocke anschlagen, erschrickt und blinzelt Julia nicht mehr, nein, sie hält kurz inne und lauscht angespannt.

Besonders sensationell finden Mama und Papa Julias erstes Lächeln! Sie ist gerade sechs Wochen alt, und beide Eltern beugen sich morgens über die Wiege. «Tschüs, meine kleine Maus», sagt der Vater liebevoll. Da verzieht sie leicht die Mundwinkel nach oben, und die entzückten Eltern sind glücklich.

Eines Nachmittags arbeitet Julias Mutter in der Küche und hört Julia im Kinderzimmer schreien.

«Es scheint ihr Langeweile-nimm-mich-hoch-Geschrei zu sein», beruhigt sich die Mutter und beschließt, ihre Arbeit ungestört zu beenden.

Langsam geht das Geschrei in Laute über, die so klingen wie aha und aba.

In der nächsten Zeit bemerkt Julias Mutter häufiger, daß ihre Tochter besonders gerne vor dem Einschlafen oder dem Aufwachen, wenn sie auf dem Rücken liegt, diese Vokallaute vor sich hinbrabbelt. Julia übt mit diesem Lallen das Sprechen. Sie trainiert ihre Sprechorgane: die Lippen, die Zunge, den Gaumen.

Im dritten Lebensmonat tut sich allerlei in Julias Entwicklung: Sie hält die Rassel fest, die ihr Opa in die Hand drückt, und versucht, sie zum Mund zu führen. Sie verfolgt ein kleines, buntes Auto mit den Augen und ihr Lächeln ist kein Zufall mehr, sondern sie setzt es gezielt ein. Allerdings lächelt Julia nicht nur ihre Eltern an; auch fremde Gesichter strahlt sie an, besonders die Großeltern, die nur alle drei Wochen zu Besuch kommen. Gegen Ende des dritten Monats erweitert sich Julias sprachliches Repertoire. Neben Vokalen tauchen jetzt aneinandergereihte R-Laute auf. Sie verbindet erste Laute.

Julias Sprache hört sich zu dieser Zeit an, als ob sie gurgelt oder gurrt.

Julia ist ein ausgesprochen fröhliches Kind, sie lacht gerne, oft und laut. Außer durch Gurren und Gurgeln zeigt Julia ihre gute Laune im vierten und fünften Lebensmonat auch durch Juchzen und Laute wie *f* und *w*, die dadurch entstehen, daß Julia die Luft zwischen die geschlossenen Lippen preßt.

Einmal meinten Julias Eltern beim Spielen mit ihrer Tochter auch ein englisches *th* zu entdecken, das sie selbst so mühsam in der Schule erlernen mußten. Sollte es Babies etwa in den Schoß fallen, «ausländisch» zu sprechen? Zufälligerweise sehen sie einige Tage später eine Fernsehsendung mit Experten, die meinen, ein Baby könne theoretisch jede Sprache der Welt erlernen. Welche es dann tatsächlich erlernt, liegt an der jeweiligen Umgebung.

Ein Kind mit deutschen Eltern fängt demzufolge nicht selbstverständlich an, deutsch zu sprechen, sondern wenn es z. B. in der Türkei aufwächst, lernt es türkisch als seine Muttersprache.

«In der Lallphase ist jedes Kind in der Lage, jeden Laut zu produzieren», sagt der kluge Professor im Fernsehen, «es verlernt später allerdings die Laute, die in seiner Umgebung, in seiner Sprache, nicht benötigt werden. So ist es z. B. auch mit dem englischen *th*.»

«Schon wieder etwas schlauer», meint Julias Mutter nach der Sendung. «Durch ein Kind lernt man eine Menge dazu!»

Beim nächsten Arztbesuch trifft Julias Mutter Sebastians Mutter, die sie seit der Entbindung nicht mehr gesehen hat.

«Ich renne von einem Arzt zum anderen», erzählt diese. «Mein Sebastian ist nicht so wie andere Kinder. Er lacht nicht, kann den Mund nicht schließen und nicht richtig schlucken. Dadurch läuft ihm ständig der Speichel aus dem Mund. Ewig ist alles besabbert! Und ich glaube, er hört auch nicht gut. Wenn er nachts schreit und ich in sein Zimmer komme, bemerkt er mich erst, wenn er mich sieht.»

Julias Mutter schaut sich besorgt und neugierig den kleinen Sebastian an. Er bewegt sich kaum und seine Augen sind ausdruckslos. Julia auf ihrem Schoß bewegt sich lebendig, registriert aufmerksam alles, was im Wartezimmer passiert, und lallt dabei: «Mememememem-dadada!»

Sebastian ist schweigsam und schlaff. «Er ist irgendwie behindert, was hat er nur?» denkt Julias Mutter, drückt ihre Tochter an sich und ist froh, als sie einige Minuten später ins Sprechzimmer gerufen wird.

«Herr Doktor, ist mit Julia wirklich alles in Ordnung? Wie stellt man z. B. fest, ob sie gut hört, gut sieht und auch intelligent wird?»

«Ja, mit der Intelligenz ist das so eine Sache», meint der Kinderarzt. «Das hängt weitgehend davon ab, wie die Gehirnzellen funktionieren und die Zusammenarbeit zwischen den einzelnen Zentren klappt. Das Gehirn muß sich dazu richtig entwickeln können. Es braucht gute Anlagen und eine fördernde Umwelt. Wenn Ihre Julia ‹bababa› sagt, müssen das Hörzentrum und ein Sprachzentrum zusammenarbeiten, die dann wiederum Julias Lippen den Befehl geben, ‹bababa› zu formen.»

«Das ist kompliziert», sagt Julias Mutter. «Wie ist es denn mit dem Hören?»

«Die Ohren sind nur das äußere Organ für das Hören, auch akustische Wahrnehmung genannt. Das Hörzentrum im Gehirn ist mitentscheidend dafür, ob wir Sprache, Musik, Geräusche gar nicht, verzerrt oder gut hören. Gehörgang, Trommelfell und Gehörknöchelchen – sie heißen Hammer, Amboß und Steigbügel – registrieren jeden Ton. Die Schallwellen werden in den Gehörgang geleitet, an dessen Ende treffen die Schallwellen auf die Membran des Trommelfells. Diese Membran wird dann in Schwingungen versetzt und gibt diese an die Gehörknöchelchen weiter. Der Steigbügel überträgt die umgewandelten Schwingungen auf die Lymphflüssigkeit des Mittelohres, die Flüssigkeitswellen, die dort entstehen, dringen in die Schneckenwindungen ein. Jeder akustische Reiz wird als Nervenimpuls dem Hörzentrum zur Entschlüsselung weitergeleitet. ‹Singt Papa zur Gitarre oder kommt die Musik aus dem Radio?› fragt sich Julia in einem Jahr, wenn sie Musik und Gesang aus dem Nebenzimmer hört. Diese Schallwellen gehen den eben beschriebenen Weg von Julias Ohr hinauf zu ihrem Hörzentrum im Gehirn. Erst dort entscheidet Julia, ob sie die Beatles oder Papas Gesang hört.» Der Arzt macht eine Pause und sieht Julias Mutter an:

«Wenn Sie Zweifel an Julias Hörvermögen haben, gebe ich Ihnen gerne eine Überweisung zum Hals-Nasen-Ohrenarzt. Ich kann nichts Verdächtiges feststellen. Der Hals-Nasen-Ohren-Arzt hat zahlreiche Verfahren zur Verfügung, um die Hörfähigkeit Ihres Kindes zu überprüfen. Audiometrie nennen wir Ärzte übrigens diese Verfahren.

Bereits eine halbe Stunde nach der Geburt eines Babys kann mit einer Lärmtrommel der Augenlidschlußreflex ausgelöst werden, ein Zeichen dafür, daß das Baby die Töne gehört hat.* Ist das bei Ihrer Tochter gemacht worden?»

«Ich weiß es gar nicht, ich war so erschöpft!» sagt Julias Mutter.

«Wenn die Kinder etwas älter sind, ist es sinnvoll, eine EEG-Audiometrie durchzuführen, da es sich dabei um eine Untersuchung handelt, bei der das eigene Empfinden unwichtig ist. Durch das Aufzeichnen der Hirnströme (EEG) läßt sich das Hörvermögen des Kindes gut kontrollieren. Sprechen lernen können Kinder nur, wenn sie gut hören und sich an

---

* Anm. d. Red.: Inzwischen wissen wir, daß Kinder schon vor der Geburt – ab dem 5. Monat – hören können.

akustische Schwingungen erinnern können. Hört ein Kind schwer, kann es entweder nicht alles hören, d. h. bestimmte Frequenzen werden nicht oder nur erschwert aufgenommen, oder es hört alle oder einige Laute verzerrt. Die Geige klingt dann wie eine Flöte und das Wort Oma wie ‹Umu›. Kein Wunder, wenn das Kind dann auch so spricht, wie es hört. Aber Julia spricht ja überhaupt noch nicht. Was sie so brabbelt, ist altersangemessen. Aber wenn es Sie beruhigt, Frau Schuster, gebe ich Ihnen die Überweisung zum Hals-Nasen-Ohren-Arzt.»

Julias Mutter ist glücklich über diese ausführliche Information und meint, sie habe keine ernsthaften Hinweise auf eine eingeschränkte Hörfähigkeit bei Julia.

Ihrem Mann erzählt Julias Mutter beim Abendbrot, was sie erlebt und erfahren hat.

«Wir sollten uns doch mal ein schlaues Buch über die kindliche Entwicklung kaufen», meint Herr Schuster, «das beruhigt.»

«Nein, das beunruhigt noch mehr! Es ist besser, Julias Entwicklung mit der gleichaltriger Kinder zu vergleichen.»

Da sie sich schon seit Wochen, ja schon seit Julias Geburt, einsam fühlt, nimmt sie am anderen Tag ihren langgehegten Plan in Angriff: die Gründung einer Babygruppe.

Durch eine Anzeige in der Stadtteilzeitung und einige Anschläge kommt bald eine Gruppe von fünf Kindern zusammen.

Die Mütter-Baby-Gruppe trifft sich von montags bis freitags jeweils in einer anderen Wohnung der beteiligten Familien.

Julia, Marleen, Saskia, Miriam und Ingo sind alle im Alter von sechs bis acht Monaten, können aber noch nicht zusammen spielen. Trotzdem haben die Mütter den Eindruck, sie beobachten sich zumindest zeitweise gegenseitig und nehmen erste Kontakte auf.

Alle fünf Babies können sich inzwischen vom Rücken auf den Bauch drehen, spielen in der Rückenlage mit Vorliebe mit den eigenen Füßen und ergötzen sich daran. Entzückt kreischen sie dann im Chor «baba» und «ähähäh» mit eingebauten Juchzern. Einige greifen bereits mit beiden Händen gleichzeitig zielsicher einen Gegenstand und halten ihn einige Sekunden fest.

Auch eine andere wichtige Neuerung ist bereits eingeleitet. Die Kinder lernen, daß Dinge auch dann existieren, wenn sie sie im Augenblick weder sehen noch hören: Marleen sitzt auf dem Schoß der Mutter, spielt mit Bausteinen, bis ihr einer auf den Boden fällt. Sie verliert ihn für einige Sekunden aus den Augen, sucht ihn aber mit den Augen und entdeckt ihn auf dem Boden liegend wieder. «Da-da-da», ist ihr aufgeregter Kommentar. Die Mutter beugt sich hinunter, hebt den Stein auf. Marleen greift ihn kreischend mit beiden Händen und steckt ihn schnurstracks in den Mund.

«Igittegitt», sagt ihre Mutter und nimmt ihn ihr aus der Hand, um ihn abzuwaschen. Marleen schreit sich fast die Lunge aus dem Hals und ist nicht zu beruhigen.

Ingos Mutter findet diese Hygienemaßnahme reichlich übertrieben.

Eine heftige Diskussion entsteht zwischen den Müttern über Hygiene, Ansteckung, Krankheit.

Julias Mutter muß im Laufe der nächsten Monate auch einiges an Kritik einstecken, möchte aber trotzdem ihre Gruppe nicht missen.

Zeitweise ist es recht laut, wenn alle fünf Kinder in einem Raum sind. Alle erzählen im Plauderton ihre Geschichten. Da geht es «rrrrr» und «rararara», «ababab» und «pipipipi». Miriam ist die älteste und wird im Oktober neun Monate alt. Sie beginnt, sich für ihr Spiegelbild zu interessieren, und ist ganz fasziniert von dem pausbäckigen Gesichtchen, das ihr da entgegenlacht. Außerdem kann sie jetzt flüstern! «Bib-bib-bib», sagt sie leise zum Zwergkaninchen, wenn sie es an sich drückt und zärtlich mit ihm kuschelt.

Bald wird es hektisch in den Kinderzimmern. Miriam und Ingo fangen an, durchs Zimmer zu robben. Die Mütter sehen mit etwas Skepsis der Zeit entgegen, wenn alle Kinder durcheinanderkrabbeln. Aber andererseits sehen sie, daß die beiden Ältesten mit ihren neun Monaten auch schon gut alleine spielen können, was die Gesamtwetterlage etwas beruhigt.

In der Sprachentwicklung bahnt sich ein großer Sprung an: von den Lauten zum Sprachverständnis.

«Miriam, hol mir bitte den Ball.» Und schon krabbelt Miriam los, sofern sie dazu Lust hat, und holt den roten Ball mit den weißen Punkten aus der Ecke hervor.

«Bald wird meine Julia auch soweit sein», denkt deren Mutter.

Diese, da zwei Monate jünger, beschränkt sich im Moment noch auf kleine Dialoge mit vertrauten Personen. «Mama, Julia, sag mal Mama!» wird sie von ihrer Mutter aufgefordert. Und tatsächlich, «Mamamamama», lallt Julia.

Aber ihre Mutter bemerkt, daß Julia nicht weiß, was sie da redet. Miriam scheint ihr «Mama» gezielter einzusetzen, ja, sie scheint Sinn für Sprache zu entwickeln.

«Wo ist Mama?» und Miriam deutet auf ihre Mama.

Eines Tages geht die Mütter-Baby-Gruppe zum nächstgelegenen Spielplatz, um der Enge der Wohnung zu entfliehen.

«Da-da, Wau-Wau», ruft Miriam aufgeregt.

«Ja, ein schöner großer Wau-Wau», antwortet Julias Mutter.

«Um Himmels willen, fang bitte nicht an, in dieser albernen Babysprache mit meiner Tochter zu reden», fährt sie Miriams Mutter an.

«Das ist ein schöner HUND! Basta!»

«Wieso soll ich nicht Wau-Wau sagen, wenn der Hund ‹Wau-Wau› macht und Miriam sich das leichter einprägen kann?!» rechtfertigt sich Julias Mutter ärgerlich.

«Babysprache soll in begrenztem Ausmaß nicht schädlich für die Sprachentwicklung sein», mischt sich Marleens Mutter ein.

«Nein, ich bin strikt dagegen», sagt Miriams Mutter entschieden.

«Ich finde, wir sollten uns bei einer Fachfrau oder einem Fachmann informieren, bevor wir uns wegen einer solchen Lappalie in die Haare kriegen», wirft Saskias Mutter ein.

«Gut, bei uns um die Ecke hat eine Sprachtherapeutin ihre Praxis. Ich rufe sie in den nächsten Tagen mal an», verspricht Marleens Mutter. Beim nächsten Elternabend, den die Gruppe einmal im Monat bei Bier und Wein veranstaltet und an dem auch die Väter teilnehmen, erzählt Marleens Mutter: «Also, Frau Vieth, so heißt die Sprachtherapeutin, meint zu unserem Problem ‹Pro oder Contra Babysprache›, daß es nur in den Fällen sinnvoll ist, in der Babysprache mit den Kindern zu reden, wenn es eine bestimmte Verbindung zwischen dem Babywort und dem Gegenstand oder dem Tier gibt. Als Beispiel hat sie das ‹Tick-tack› der Uhr oder das ‹Wau-wau› des Hundes angeführt. Alles zu verniedlichen oder Babys Spezialbezeichnungen aufzugreifen, hält sie für falsch.»

Endlich ist es erreicht: Julia ist 13 Monate und sagt: «Haben.» Die Eltern wissen, daß jetzt die Sprachschwelle erreicht ist. Julia kann sprechen!

Wie wird es jetzt weitergehen mit Julias Sprachentwicklung?

Wenn alles normal verläuft, wird Julia sich längere Zeit mit Einwortsätzen verständigen.

Sie ruft: «Mama» und meint: «Nun nimm mich endlich auf den Arm!» oder «Ich habe Hunger!» oder «Ich möchte nach draußen».

Die Mutter erkennt den Sinn an der Stimmhöhe und der Veränderung der Tonlage.

Rasant bereichert sich Julias aktiver und passiver Wortschatz. Julia merkt: Alles hat seinen Namen, und fragt und fragt und fragt nach den Begriffen.

«Isn das?» Da ist er, der erste Mehrwortsatz. Julia wird dann zwischen eineinhalb und zwei Jahre alt sein. Sie spricht die Worte immer besser aus, gleichzeitig entwickeln sich ihre Bewegungen. Geschickt ergreift sie die Tasse und balanciert sie zum Mund. Na ja, ein bißchen Saft schwappt über und landet auf dem Tischtuch, aber schließlich macht Übung den Meister.

Eines Tages sitzt sie auf Papas Schoß und öffnet den Reißverschluß seines Pullovers. Papa spielt den Beleidigten und zieht den Reißverschluß wieder zu. Julia wiederholt das Spielchen juchzend und würde sicher kein Ende finden, wenn Papa nicht unbedingt die Sportschau sehen müßte.

Ganz frei laufen kann Julia, seit sie 14 Monate alt ist, und mit 18 Lebensmonaten beginnt sie sogar, einige Schritte rückwärts zu gehen.

Als Mama einmal mitten beim Kuchenbacken für einen Moment ans Telefon gerufen wird, vollbringt Julia das Kunststück oder die Schandtat – ganz wie man will – und fischt die Rosinen aus dem Kuchenteig und wirft sie in die Milchflasche.

Mama ist begeistert und ärgerlich zugleich. Ihre Tochter hat eine tolle Leistung erbracht, aber was soll aus dem Kuchen werden?

Neben solchen kleinen Streichen hat Julia noch ein zweites Hobby: Bilderbücher. Sie sitzt liebend gerne auf dem Schoß von Papa oder Mama und schaut sich die Zeichnungen in den schönen bunten Büchern an, die sie «Bibuch» nennt. Sie zeigt mit dem Finger auf die Dinge: «Baum, da Auto, doße Haus», ist ihr Kommentar dazu. Zwischen zweieinhalb und drei Jahren sind Julias Eltern über Julias Sprache verwundert.

«Julia hat aufgetürt.» – «Papa motort.»

«Ich gesehen habe Indianers.»

«Julia Milli getrinkt.»

Die Eltern schwanken zwischen Lachen und Skepsis. Ist auch das noch in Ordnung?

«Wie soll das arme Kind auch wissen, daß es einmal ‹Julia hat gespielt› heißt und dann wieder ‹Julia hat getrunken› und nicht ‹getrinkt›», meint ihr Vater und hat zweifellos recht mit seiner Überlegung. Außerdem verliert sich diese sonderbare Sprache im Laufe der nächsten Zeit, und mit vier Jahren macht Julia nur noch wenige Fehler. Jedenfalls sind die Eltern beruhigt, denn die anderen Kinder in Julias Kindergartengruppe sprechen nicht besser.

Mit ihren vier Jahren gelingt Julia schon viel. Sie unterscheidet Rot, Grün, Gelb und Blau voneinander und benennt diese Farben richtig, sie kann Geschlechtsunterschiede erkennen, sich selbständig an- und ausziehen, sich gekonnt mit ihrem Tretauto fortbewegen und ein Quadrat von einem Kreis unterscheiden.

Das «Julia möchte» hat sie inzwischen durch ein «Ich möchte» ersetzt. Ihre Sprache ist durch den Kindergartenbesuch geprägt. Diese Kindergartensprache belustigt ihre Eltern, bringt sie aber auch in Verlegenheit, wenn Außenstehende Julias Geplappere mitbekommen.

«Kacke, Scheiße, Pisse, Wurst-aa», ist einer ihrer Lieblingssprüche. «Das bringt sie aus dem Kindergarten mit», sagt Frau Schuster entschuldigend.

Die Eltern sitzen eines Freitags vor dem Serienkrimi im ZDF und plötzlich steht Julia im Türrahmen.

«Kann nicht schlafen!»

«Na, dann komm mal einen Moment auf Papas Schoß.» Julia hat ihr Ziel erreicht und kuschelt sich an den Papa. Im Fernsehen wird gerade eine Leiche gezeigt, Blut quillt ihr aus dem Mund.

Innerlich gespannt bricht es aus Julia hervor: «Voll das rote Käschap.» Ihre Eltern müssen lachen und tragen die Tochter schnell ins Kinderzimmer.

Im sechsten und siebten Lebensjahr – also zwischen ihrem fünften und sechsten Geburtstag – vervollkommnet sich Julias Sprache.

Vor einem Jahr hatte sie noch «Mama, ich habe schecklichen Schufen» gesagt, jetzt kann sie auch schwierige Konsonantenverbindungen ganz richtig aussprechen. Und kurze Geschichten kann sie erzählen: «Papa und ich waren gestern am Baggersee. Wir sind geschwommen, und da kam plötzlich ein großer Hund angelaufen. Ich hatte große Angst. Papa hat mich huckepack aus dem Wasser getragen. Bin ich froh, daß Papi in der Nähe war!»

Als Julia eingeschult wird, spricht sie ihre Muttersprache bis auf wenige Ausnahmen grammatisch korrekt.

KAPITEL 2

Sprech-Gymnastik

Die Geschicklichkeit der Sprechorgane Lippen, Zunge und Gaumen ist eine Voraussetzung für gutes Sprechen.

Wenn die Sprechmuskulatur nicht gut entwickelt und trainiert ist, kann das zu Sprechstörungen führen. Spricht das Kind etwa undeutlich, so bewegt es nicht ausreichend Zunge, Lippen, Gaumen, Wange und Kiefer. Es gibt für Eltern viele Möglichkeiten, die Sprechmotorik zu fördern.

Zunge

Die Zunge ist der beweglichste Teil der Sprechorgane:

Haben Sie schon beobachtet, wie Säuglinge und Kleinkinder ihre Zunge beim Spielen heraushängen lassen oder Gegenstände ertasten? Manchen Kindern fallen zielgerichtete Zungenbewegungen schwer.

Jede Zungengymnastik wirkt auch wie eine Massage der Rachenmandeln. Intensive Zungengymnastik kann deshalb die allwinterliche Erkältung verhüten.

1 **Honig** Ihr Kind schleckt Honig etc. vom rechten und linken Mundwinkel, dann vom Kinn und vom Nasensteg. Variation: Einen Teller abschlecken oder einen Lutscher.

2 **Zunge herausstrecken** Ihr Kind zeigt Ihnen die Zunge. Auf Kommando wird die Zunge raus- und reingesteckt. Wer kann es schneller, Sie oder Ihr Kind? Variation: Sie strecken Ihrem Spiegelbild die Zunge heraus.

3 **Verstecken** Ihr Kind versteckt die flache Zunge hinter den unteren und dann hinter den oberen Schneidezähnen.

4 **Gaumen** Ihr Kind streckt die Zunge nach oben zum harten Gaumen. Variation: Zunge nach oben zum harten Gaumen heben und nach hinten einrollen (eventuell mit Hilfe der eigenen Finger). Diese Übung eignet sich besonders für Kinder, die die Laute L und R stammeln.

5 **Die Rille** Ihr Kind streckt die Zunge weit heraus und bildet eine Rille. Gelingt Ihnen das auch? Viele Menschen haben Schwierigkeiten mit dieser einfachen Übung!

6 **Zunge wölben** Ihr Kind zieht die Zunge zurück und wölbt den Zungenrücken hoch. Diese Übung eignet sich besonders für Kinder, die die Laute G, K und CH stammeln.

7 **Kätzchen** Ihr Kind wird zu einem kleinen Kätzchen. Die kleinen braunen Schokoladenstreusel auf dem Teller werden geschwind und geschickt aufgeleckt, hinterher wird das Mäulchen geputzt.

8 **Zwitschern** Ihr Kind und Sie zwitschern. Erfinden Sie immer neue Laute. Die Luft wird dabei durch die gespitzten Lippen eingesogen, die Zungenspitze stößt an den harten Gaumen.

9 **Entdeckungsreise** Gehen Sie auf Entdeckungsreise in der Mundhöhle. Wo kommt die Zunge hin und was fühlt sie dort? Wie sieht die ertastete Stelle im Spiegel aus? Entdecken Sie neue Räume und versuchen Sie sie zu benennen.

10 **Pferd** Sie spielen Reiter und Pferd, und Ihr Kind schnalzt als Reiter kräftig, um seinen lahmen Gaul, nämlich Sie, auf Trab zu bringen. Versuchen Sie, mit den Zungenrändern, dem Zungenrücken und der Zungenspitze zu schnalzen.

11 Schlagen Sie mit der Zunge ein Lied. Die Zunge schlägt vom oberen harten Gaumen nach unten hinter die untere Zahnreihe. Schneiden Sie dazu Grimassen und verziehen Sie den Mund.

12 **Mundwäsche** Betreiben Sie mit Ihrem Kind eine gründliche Mundwäsche. Die Zunge kreist um den Mund.

13 **Zitrone** Sie stellen sich beide vor, sie würden eine grüne Zitrone aussaugen bis zum letzten Tropfen. Na, läuft Ihnen schon das Wasser im Mund zusammen?

14 **Babies** Seien sie Babies und lallen kräftig.

15 **Schlange** Strecken Sie Ihre Zunge schlangenartig heraus. Variation: Seien sie Chamäleons, die Fliegen fangen mit der Zunge.

16 **Ruhe** Zwischendurch muß sich die Zunge ausruhen: Lassen Sie die Zunge auf dem Mundboden ausruhen.

17 **Löwe** Machen Sie mit Ihrem Kind die Löwenübung aus dem Hatha-Yoga: Sie sind brüllende, hungrige Löwen. Sie knien und sitzen auf Ihren Fersen. Die Hände liegen flach auf den Oberschenkeln. Sie beugen sich nach vorn, stützen die Hände auf dem Boden auf und heben den Po an. Sie reißen die Augen auf und strecken die Zunge weit heraus. Brüllen Sie, wie ein hungriger Löwe brüllt.

18 **Kitzeln** Gehen Sie mit der Zungenspitze zum oberen hinteren Gaumen, und kitzeln Sie dort mit der Zungenspitze langsam und genüßlich hin und her. Na, können Sie schon gähnen?

19 **Brücke** Bilden Sie mit den Zungen eine Brücke, indem Sie sie eine Zeitlang gegen die unteren Zähne stemmen und dann blitzschnell wieder loslassen.

20 **Teppich** Rollen Sie Ihre Zunge wie einen Teppich auf. Denken Sie an den roten Teppich für den Staatsempfang. Jetzt ist der Gast verabschiedet worden, in sein Flugzeug gestiegen, und der rote Teppich wird wieder eingerollt.

Lippen

Die Lippen haben besonders bei den Lauten wie B, M, P viel Arbeit, sind aber auch an allen anderen Lauten beteiligt. Falls der Abstand zwischen Oberlippe und Nase bei Ihrem Kind verkürzt erscheint, fragen Sie einen Sprachtherapeuten nach speziellen Übungen.

21 Reiter Spielen Sie nochmals Reiter mit Ihrem Kind. Auch diesmal sind Sie das Pferd und Ihr Kind ist der Reiter. Nach dem Schnalzen üben Sie nun das Kutscher-BRRRR für die Lippen. Brrr: und Sie bleiben stehen, Schnalzen: und Sie traben los, Brrr: und Sie bleiben wieder stehen.

22 Küßchen-Küßchen Sie geben sich gegenseitig schmatzende Luft-Küßchen. Jede Menge und immer leidenschaftlicher!

23 Nachahmen Nagen wie ein Kaninchen, Kauen wie Tante Grete oder sogar Schmatzen wie Onkel Heinz! Rauchen wie..., Lippenschminken wie Mama, Kauen wie eine Kuh...

24 Strohhalm Sie geben einen Strohhalm oder einen geeigneten anderen Gegenstand von Mund zu Mund.

25 Grimassen Schneiden Sie furchterregende Grimassen. Sie können auch Tiere nachahmen oder Gefühle wie Geiz, Ärger, Freude, Anspannung mit dem Mund ausdrücken. Versuchen Sie es, es macht Spaß!

26 Selbstzufrieden Seien Sie mit sich und der Welt zufrieden, lächeln Sie sich innerlich zu: Ach wie schön ist es, glücklich zu sein. Der Mund und damit die Lippen entspannen sich und werden rund und voller. Angespannte Lippen haben nur angespannte oder mißgünstige Menschen.

27 Gouvernante Gertrude Gouvernante Gertrude ist ständig über alles entsetzt. Ihr Mund ist zusammengekniffen und schmal! Seien Sie Gouvernante Gertrude und beobachten Sie, wie sich durch diese Bewegung Ihre Psyche verändert.

28 **Gurgeln** Gurgeln Sie mit Wasser oder auch ohne!

29 **Schaum** Füllen Sie ein Spülmittel in ein hohes, schmales Glas und blasen mit Ihrem Kind um die Wette Schaum. Damit es besonders lustig wird und Sie die Schaumberge zuordnen können, färben Sie den Schaum mit Lebensmittelfarben. Gewinnt der grüne Papa, die blaue Mama oder der lila Thorsten?

30 **Pfeifen** Pfeifen Sie um die Wette.

31 **Stäbchen** Legen Sie ein Stäbchen auf die Oberlippe und halten es bei gesenktem Kopf so lange wie möglich. Entscheiden Sie, ob ein Wettkampfspiel zwischen Ihnen und Ihrem Kind daraus entstehen soll. Das gleiche Spiel läßt sich auch mit der Unterlippe spielen.

32 **Beleidigt** Ihr Kind hat sich über Sie geärgert und ist nun beleidigt: P, P, P, P! (Du kannst mich mal!)

Wangen

33 **Aufblasen** Blasen Sie Ihre Backen auf und schnipsen Sie mit den Fingern dagegen. Bei einem guten Zustand der Wangenmuskulatur ist der Klang angenehm, bei zu schlaffer Muskulatur entsteht kein Klang. Variation: Pressen Sie mit den Fingerspitzen langsam die Luft aus den Wangen.

34 **Luftballon** Blasen Sie einen Luftballon auf. Die Wangen werden dick und prall beim Aufpusten.

Gaumen

Das Gaumensegel ist wichtig bei der Bildung von G, K, Ng. Sagen Sie einmal «ICH» und jetzt «ACH». Die Buchstaben CH werden bei Ich ganz anders ausgesprochen als bei Ach. Auch für das zweite CH brauchen wir das Gaumensegel, wenn wir diesen Laut richtig bilden wollen. Bei den CH-Lauten ist der Regional- und Dialektklang sehr verschieden. Was zum Beispiel in der Schweiz richtig ist, klingt für unsere Ohren falsch.

35 **Erkundungen** Erkunden Sie zusammen mit Ihrem Kind mit einem Spiegel den Rachenraum. Spielen Sie Doktor: «Mach mal AAAA.» Der beweglichen, weichen Gaumen können Sie willentlich öffnen und schließen. Durch das Gaumensegel werden Mund- und Nasenraum voneinander getrennt.

36 **Bissige Hunde** Saugen Sie mit der eingeatmeten Luft einen Plastikbecher am Mund fest. Ist der Luftraum des Mundes durch das Gaumensegel gut abgeschlossen, können Sie durch die Nase ruhig weiter atmen. Erklären Sie den Plastikbecher zu Ihrem Maulkorb, und gehen Sie wie zwei tollwütige Hunde aufeinander los.

37 **Wasserhahn** Öffnen Sie den Mund und schließen Sie ihn wieder. Öffnen Sie dabei das Gaumensegel. Ein tropfendes Geräusch entsteht, oder ist es doch der Hahn im Badezimmer?

38 **Gähnen** Recken und strecken Sie sich, die Hände werden zur Faust geballt. Sie entspannen sich durch das Händelösen und Gähnen herzhaft um die Wette.

39 **Klapperschlange** Klappern Sie mit den Backenzähnen und sagen Sie dabei: K! K! K! K! ungefähr zwanzigmal aufeinander. Ganz leicht und locker müssen Sie dabei im Kiefergelenk sein. Kaumuskeln und Gesichtsmuskulatur werden dadurch gelockert.

40 **Indianer** Lassen Sie den Unterkiefer kreisen auf «UAH-UAH-UAH».

41 **Vornehmes Gähnen** Seien Sie Lord und Lady bei einer stinklangweiligen Party. Sie sind todmüde und dürfen es nicht zeigen. Gähnen Sie mit geschlossenem Mund!

Pusten

Wichtig bei allen Blas- und Pustübungen ist das Ausatmen. Beim Atmen räumt der westliche Mensch der Einatmung den Vorrang ein. Richtiges Atmen beginnt mit langsamem und ruhigem Ausatmen:

Sie atmen tief in den Bauch ein und langsam aus. Die Phase des Einatmens sollte etwa ein Drittel und die Phase des Ausatmens zwei Drittel ausmachen. Dazwischen liegt eine kurze Pause. Es ist allerdings wenig sinnvoll, sich den gesunden Atemrhythmus anzutrainieren.

Indirekte Wege zum richtigen Atmen sind vorzuziehen, seien es Yoga- oder Atemkurse oder einfache Übungen, wie sie in diesem Abschnitt oder im Abschnitt über Atmung (s. S. 61) beschrieben werden.

Zum Blasen eignen sich Windrädchen, Papierschlangen, Luftballons, Kerzen, Eier, Strohhalme, Federn, Wattebäusche, Tischtennisbälle, Blasröhrchen, Pustefix, Pfeifen, Papierspiralen. Steigern Sie beim Pusten bitte langsam die Schwierigkeit. Seifenblasen erfordern weniger Atemkraft als Tischtennisbälle. Neue Luftballons sollten Sie zuerst aufblasen, damit es bei Ihrem Kind nicht zu einer Hyperventilation kommt. Sie kennen das leere, flaue, schummrige Gefühl im Kopf, wenn Sie zu schnell oder zu viele Luftballons aufgeblasen haben. Ein Luftballon kann anfangs in zehn Phasen und später mit einem langen, langsamen Zug gefüllt werden.

42 **Tischfußball** Wattefußball oder Tischtennisbällchen-Pusten können zu beliebten Gruppen- oder Familienspielen werden. An zwei gegenüberliegenden Seiten des Tisches werden Tore markiert. Eine Wattekugel muß ins gegnerische Tor gepustet werden, entweder mit dem Mund oder mit Strohhalmen.

43 **Tütenwettbewerb** Spannen Sie zwei Fäden parallel durch das Zimmer, und auf die Fäden kommen zwei spitze Tüten mit abgeschnittener Spitze. Sie und Ihr Kind machen einen Tütenpustewettbewerb. Wessen Tüte ist zuerst am Ziel?

44 **Eierauspusten** Nicht nur zur Osterzeit bereitet das Eierausblasen Ihrem Kind und Ihnen Freude. Nachher lassen Sie die Eier auch mit anderen als den üblichen Ostermotiven versehen.

45 **Blasen ohne Instrumente** Sie blasen Laute wie Sch (Dampflokomotive), F (Wind), Pu (erschöpfte Oma) oder Ooooo (erstaunter Opa).

46 **Instrumente** An Instrumenten eignen sich Flöten, Tröten und Pfeifen aller Art. Diese Instrumente erfordern eine geringe Blastechnik, allerdings starke Nerven.

47 **Blasen auf Naturmaterial** Das ist uns allen noch aus unserer Kinderzeit bekannt. Ich erinnere mich gerne an ausdauernde Blaskonzerte auf breiten Grashalmen mit meinen Freundinnen aus der Kinderzeit. Aber auch mit Papier überzogene Kämme eignen sich hierfür.

KAPITEL 3

Spaß und Freude mit Wörtern und Fingern

Kauderwelsch und Lügengarn: Spiele mit der Sprache

Kinder lieben unsinnige Reime, Kauderwelsch-Gedichte, Kraftausdrücke, Wortverwechselungen, phantastische Als-ob-Geschichten, überraschende sprachliche Vergleiche und Verbindungen.

Sprachspiele sind Spiele mit der Sprache!

Durch Sprachspiele werden die Sprache und das Sprechen gefördert. Vielen Kindern macht es Spaß, eigene Sprachspiele zu erfinden. Lassen Sie sich anstecken, reimen und erfinden Sie zusammen mit Ihrem Kind immer neue kleine Spiele mit der Sprache. Durch den lustvollen Umgang mit Sprache erleben gerade sprach- und sprechgestörte Kinder, daß Sprache Spaß und Freude bringen kann.

Der erste Schritt dahin sollte das Vorlesen von Sprachspielen sein, dadurch ergibt sich oftmals wie von selbst der Versuch, auch mit Sprache zu experimentieren.

Von besonderer Bedeutung sind die Gefühle bei den Sprachspielen. Viele Sprachspiele sind lustig, und Sie und Ihr Kind haben etwas, worüber Sie herzhaft lachen können. Denken Sie an Ihre Kindheit: Hatten Sie das Glück, «Alice im Wunderland» vorgelesen zu bekommen?

Unsinnig Gereimtes wie diese Geschichte von L. Caroll gehört zur großen Kinderliteratur.

Falls die Sprachspiele Fragen aufwerfen, beantworten Sie diese Fragen geduldig und ausführlich, denn wie heißt es seit der Sesam-Zeit: «Wer nicht fragt, bleibt dumm!»

48 Heile, heile Segen

Heile, heile Segen,
drei Tage Regen,
drei Tage Schnee,
tut's dem Kind schon nicht mehr weh!

49 Heile, heile Kätzchen

Heile, heile Kätzchen,
's Kätzchen hat vier Tätzchen,
's Kätzchen hat 'nen langen Schwanz,
bald ist alles wieder ganz.

50 Heile, heile Segen

Heile, heile Segen,
morgen gibt es Regen,
übermorgen Schnee,
tut's schon nicht mehr weh!

51 Heile, heile Segen

Heile, heile Segen,
sieben Tage Regen,
sieben Tage Schnee,
es tut dir nicht mehr weh.

52 Heile, heile Segen

Heile, heile Segen,
sieben Tage Regen,
sieben Tage Sonnenschein,
wird alles wieder heile sein.

53 Denkt euch nur, der Frosch ist krank

Denkt euch nur, der Frosch ist krank,
liegt nur noch auf der Gartenbank,
quakt nicht mehr, wer weiß wie lang,
ach, wie fehlt mir sein Gesang!
Denkt euch nur, der Frosch ist krank.

54 Der Reiter

Hoppe, hoppe Reiter,
wenn er fällt, dann schreit er,
fällt er in den Teich,
find't ihn keiner gleich.
Fällt er in die Hecken,
fressen ihn die Schnecken,

fressen ihn die Müllermücken,
die ihn vorn und hinten zwicken.
Fällt er in den tiefen Schnee,
dann gefällt's ihm nimmermehr.
Fällt er in den Graben,
fressen ihn die Raben,
fällt er in den Sumpf,
dann macht der Reiter plumps.
(Dieses Sprachspiel kann auch als Kniereiter gespielt werden.)

55 Ich wollt, ich wär ein Huhn
Ich wollt, ich wär ein Huhn,
dann hätt ich nichts zu tun.
Ich legte jeden Tag ein Ei,
und sonntags auch mal zwei.

56 Grün, grün, grün
Grün, grün, grün sind alle meine Kleider,
grün, grün, grün ist alles, was ich hab.
Darum lieb ich alles, was so grün ist,
weil mein Schatz ein Jäger ist.
Oder
weil mein Schatz ein Schornsteinfeger ist (schwarz)
weil mein Schatz ein Schlossermeister ist (blau)
weil mein Schatz ein Feuerwehrmann ist (rot)
weil mein Schatz ein Maler ist (bunt)
weil mein Schatz ein Krankenpfleger ist (weiß)

57 Dunkel war's
Dunkel war's, der Mond schien helle,
Schnee lag auf der grünen Flur,
als ein Wagen blitzeschnelle,
langsam um die Ecke fuhr.
Drinnen saßen stehend Leute,
schweigend ins Gespräch vertieft,
als ein totgeschoßner Hase
auf der Sandbank Schlittschuh lief.
Und ein blondgelockter Jüngling
mit kohlrabenschwarzem Haar
saß auf einer blauen Kiste,
die rot angestrichen war.

Dieser sprach zu seiner Tante,
die schon längst gestorben war:
«Augen hast du wie Korallen,
alle Ochsen gleichen dir!»

58 Lügengeschichte

Ich saß auf einem Baum und aß Pflaumen,
die Steine spuckte ich einer Frau auf den Kopf.
Als sie mich sah, rief sie: «Komm mal her!»
Ich verstand: «Spuck noch mehr!»
Dann ging ich zum Hafen.
Dort lagen drei Schiffe:
ein rotes, ein grünes und eins, das nicht da war.
Ich setzte mich in das, das nicht da war
und fuhr nach Amerika.
Dort stand ein Mann und rief:
«Leute, kauft Nüsse!»
Ich aber verstand: «Leute, klaut Nüsse!»
Da kam ein Polizist und rief: «Komm mal her!»
Ich aber verstand: «Klau noch mehr!»
Und klaute, bis mir die Taschen platzten.
Dann kam ich in eine Kirche.
Da sang der Pastor: «Halleluja!»
Ich aber verstand: «Es ist kein Stuhl da!»
Also setzte ich mich auf den Altar.
Da rief der Pastor: «Was machst du, du Wurm!»
Ich aber verstand: «Ab, auf den Turm!»
Als ich auf dem Turm war,
sah mich meine Mutter und rief:
«Bist du verrückt?»
Ich aber verstand: «Komm zurück!»
und flog zu ihr durch die Luft.
Was glaubt ihr, bin ich ein Schuft?

59 Die unlogische Lebensgeschichte

Meine Tante hat am Bootssteg drei Boote stehen: Ein ganzes, ein halbes
und ein Gar-nicht-Boot. Wir fuhren natürlich mit dem GAR-NICHT-
BOOT zu einer Insel, die es gar-nicht-gab.

Dort stand ein Mann und rief: «Kauft Bananen, kauft Bananen!» Ich
verstand: «Klaut Bananen, klaut Bananen!» Also klaute ich Bananen. Da
kam ein Polizist und rief: «He, du – komm mal her!» Ich verstand: «Klau
noch mehr!» Also klaute ich noch mehr. Da gab mir der Polizist so einen

Arschtritt, daß ich in die Kirche flog. Da sangen sie gerade: «Halleluja, halleluja!» Ich verstand: «Ist kein Stuhl da, ist kein Stuhl da!» Also setzte ich mich auf den Boden. Da sagte der Pastor: «Heilig sind die Toten!» Ich verstand: «Beiß mir in die Pfoten!» Also biß ich in seine Pfoten. Da gab mir der Pastor so einen Arschtritt, daß ich auf die Kirchturmspitze flog. Da unten stand jemand und rief: «Junge, wenn du runterspringst, bist du mause-mause-TOT!» Also sprang ich runter und war mause-mause-TOT!

Wie gefällt dir meine Lebensgeschichte? Jetzt erzähl mir deine!

60 Die bimbambolische Kirche

In der bimbambolischen Kirche
geht es bimbambolisch zu,
tanzt der bimbambolische Ochse
mit der bimbambolischen Kuh.
Und die bimbambolische Mutter
kocht den bimbambolischen Brei,
und die bimbambolischen Kinder
mit den bimbambolischen Fingern
essen bimbambolischen Brei
und alles ist bimbambolisches Allerlei.

61 Würmchen auf dem Türmchen

Auf dem Türmchen
sitzt ein Würmchen
trägt ein Schirmchen
unter'm Ärmchen.
Kommt ein Stürmchen,
wirft das Würmchen
mit dem Schirmchen
unter'm Ärmchen
vom Türmchen.

62 Aua, schreit der Bauer

Aua, schreit der Bauer,
die Äpfel sind zu sauer,
die Birnen sind zu süß,
morgen gibt's Gemüs.

63 Du bist krank

Du bist krank

wie 'ne alte Bank,
du bist so krank als wie ein Huhn,
magst gern essen und nichts tun.

64 Der Berg Sinai
Auf dem Berge Sinai
wohnt der Schneider Kikeriki.
Seine Frau, die alte Grete,
saß auf dem Balkon und nähte,
fiel herab, fiel herab
und das linke Bein brach ab.
Kam der Doktor Hampelmann,
klebt das Bein mit Spucke an.

65 Die Dickmadam
Eine kleine Dickmadam
fuhr mal mit der Eisenbahn,
Eisenbahn, die krachte,
Dickmadam, die lachte.
Setzte sich ins grüne Gras,
machte sich die Hosen naß.

66 Es war einmal...
Es war einmal ein Mann,
der hatte sieben Söhne.
Da sprach der älteste Sohn zum Vater:
«Vater, erzähl uns eine Geschichte!»
Da fing der Vater an:
Es war einmal ein Mann,
....

67 Der Mann mit dem Schwamm
Es war einmal ein Mann,
der hatte einen Schwamm,
der Schwamm war ihm zu naß,
da ging er auf die Gaß.
Die Gaß war ihm zu kalt,
da ging er in den Wald.
Der Wald war ihm zu grün,
da ging er nach Berlin.

Berlin war ihm zu groß,
da macht er in die Hos'.
Die Hos' wurd ihm zu klein,
da ging er wieder heim.
Es war einmal ein Mann,
der hatte einen Kamm.
Der Kamm war ihm zu klein,
da kauft er sich ein Schwein.
Das Schwein war ihm zu fett,
da legt er sich ins Bett.
Das Bett war ihm zu kalt,
da ging er in den Wald.
Der Wald war ihm zu groß,
da ging er nach Franzos'.
Franzos' war ihm zu frech –
Patsch! Da hast du eine weg!

68 Was?

Wasser ist naß?

69 Warum ist die Banane krumm?

Wenn die Banane gerade wär,
wär sie keine Banane mehr.

70 Warum ist die Banane krumm?

Weil niemand in den Urwald zog
und sie gerade bog.

71 Die Zeit

«Wie spät mag's sein?»
grunzt das Schwein.
«Ein Viertel vor sieben»,
meckern die Ziegen.
«Noch ein Viertel dazu!»
brummt die Kuh.
«Wie, schon so spät»,
wiehert das Pferd.

72 Eins – zwei – drei

Eins – zwei – drei
alt ist nicht neu,
sauer ist nicht süß,
Händ' sind keine Füß',
Füß' sind keine Händ',
das Lied hat ein End'.
Eins – zwei – drei
alt ist nicht neu,
warm ist nicht kalt,
kalt ist nicht warm,
reich ist nicht warm,
reich ist nicht arm.
Eins – zwei – drei
alt ist nicht neu,
arm ist nicht reich,
hart ist nicht weich,
frisch ist nicht faul,
'n Ochs ist kein Gaul.

73 Eins-zwei-drei-vier-fünf-sechs-sieben

wo ist denn mein Schatz geblieben?
Ist nicht hier und ist nicht da,
ist wohl in Amerika.

74 Wundersam!

Ick sitze da und esse Klops,
mit eenmal klopts.
Ick kieke hoch und wundre mir,
mit eenmal jeht se uff die Tür.
Ick sehe uff und denk: NANU,
jetzt isse uff, erst warse zu.
Ick jehe hin und kieke,
und wer steht draußen?
Icke!!!

Viele Anregungen erhalten Sie durch das Buch von K. W. Peukert, «Sprachspiel für Kinder». Programm zur Sprachförderung in Vorschule, Kindergarten, Grundschule und Elternhaus. Es ist als Rowohlt Taschenbuch, Nr. 6919, erschienen und kostet 7,80 DM.

Jetzt drei Kostproben aus einem anderen, sehr empfehlenswerten Buch: «Das Sprachbastelbuch», Ravensburger Taschenbücher Nr. 398, Otto Maier Verlag, Ravensburg, 142 S., 6,80 DM.

75 Da fehlt etwas

Abends schleicht auf leiser Tatze
zu dem Kirschbaum Nachbars ......
Klettert flink hinauf bis fast
auf den allerhöchsten ....
Denn bekanntlich fressen Katzen
außer Mäusen auch gern ....
Vater Spatz piepst laut im Dustern
und beginnt sich aufzu.........
Augen glühen, Krallen wetzen,
Vater Spatz hört's mit ....
Doch die Spätzin (woll'n wir wetten?)
wird schon ihre Kinder ....
Kämpft so lange um ihr Nest,
bis die Katz den Baum ver.....
Das Ganze ist ein Rätsel. Schreib die ersten Buchstaben der Reimwörter,
die Du eingesetzt hast, nebeneinander.

76 Was ich von meinen Tanten zum Geburtstag bekam

Von Tante Wilhelmine
eine Mandarine,
von Tante Grete
eine Trompete,
von Tante Adelheid
ein Sommerkleid,
von Tante Beate
eine Tomate,
von Tante Liane
eine Banane,
von Tante Isabell
ein weißes Bärenfell,
von Tante Veronika
eine Harmonika,
von Tante Emilie
eine Lilie,
von Tante Kunigunde
zwei lustige Hunde,
zuletzt von Tante Erika
eine Karte aus Amerika.
Tante Walburga, auf die sich nichts reimt,
hat mein zerbrochenes Holzpferd geleimt.

77 Steigerungen

Kinder essen Kohl, Blumenkinder essen Blumenkohl.
Frauen haben Brüder, Milchfrauen haben Milchbrüder.
Männchen backen Kuchen, Sandmännchen Sandkuchen.
Bauern rauchen Pfeife, Orgelbauern Orgelpfeife.
Männer haben Pickel, Eismänner Eispickel.
Könige haben Gäste, Zaunkönige Zaungäste.
Fische fressen Wurst, Weißfische Weißwurst.
Esel fressen Beeren, Maulesel Maulbeeren.
Würmchen trinken Wein, Glühwürmchen Glühwein.
Suppen haben Augen, Hühnersuppen Hühneraugen.
Maurer trinken Bier, Freimaurer Freibier.
Aber:
Tragen Tiere Schuhe? Schnabeltiere Schnabelschuhe?
Tragen Hunde Hemden? Kettenhunde Kettenhemden?
Tragen Hunde Hosen? Windhunde Windhosen?
Fressen Rösser Nudeln? Dampfrösser Dampfnudeln?

78 Deutsch ist schwer

Deutsch ist schwer.
Das kann ich beweisen,
bitte sehr!
Herr Maus heißt zum Beispiel Mäuserich,
Herr Laus aber keineswegs Läuserich.
Herr Ziege heißt Bock,
aber Herr Fliege nicht Flock.
Frau Hahn heißt Henne,
aber Frau Schwan nicht Schwenne.
Frau Pferd heißt Stute,
Frau Truthahn Pute,
und vom Schwein die Frau
heißt Sau.
Und die Kleinen sind Ferkel,
ob ich mir das merkel?
Und Herr Kuh ist gar ein doppeltes Tier,
heißt Ochs oder Stier,
und alle zusammen sind Rinder,
aber die Kinder
sind Kälbchen!
Na, bitte sehr!
sagt doch selber:
Ist Deutsch nicht schwer?

Fingerspiele

Es gibt einen sehr direkten «Draht» zwischen dem Sprach- und dem Handmotorik-Zentrum im Gehirn. So kann die Förderung der Handmotorik indirekt die Sprachentwicklung fördern. Unsere Ahnen hatten von den Ergebnissen der modernen Forschung keine Ahnung, haben aber offensichtlich intuitiv das Richtige gemacht, nämlich Fingerspiele mit den Kleinen.

Fingerspieltexte werden rhythmisch gesprochen und dabei die Finger bewegt. Sie «machen» etwas oder werden zu einer bestimmten Person oder einem Gegenstand.

Fingerspiele haben oftmals die gleiche Tradition wie Märchen, sie trennen Phantasie von Realität, sie bilden und verstärken Gegensätze wie gut und böse, schwarz und weiß, richtig und falsch; das Weltbild der alten Märchen ist auch in Fingerspielen lebendig. Fingerspiele sind also auch Fingermärchen, und gleichzeitig gehören sie zur Psychomotorik.

79 Daumen – Pflaumen

Das ist der Daumen,
der schüttelt die Pflaumen,
der hebt sie auf,
der trägt sie nach Haus,
und der kleine Schelm ißt sie alle auf.
(Tippen Sie jeden Finger kurz an)

80 Wasser-Schelm

Der ist ins Wasser gefallen,
der hat ihn herausgezogen,
der hat ihn ins Bett gelegt,
der hat ihn zugedeckt,
und der kleine Schelm da hat ihn wieder aufgeweckt.
(Tippen Sie jeden Finger kurz an)
Noch eine Variante:
Daumen neig dich,
Zeiger streck dich,
Mittlerer bück dich,
Ringfinger heb dich,
Kleinster duck dich,
ja, ja, duck dich.

81 Alle Fünfe

Der ist in den Busch gegangen,
der hat's Häschen gefangen,
der hat's heim gebracht,
der hat's gebraten,
und der – der hat's verraten!

82 Taler

Da hast 'nen Taler,
geh auf den Markt,
kauf dir 'ne Kuh,
Kälbchen dazu.
Das Kälbchen hat ein Schwänzchen
didel didel dänzchen.
(Bei ‹Taler› streichen Sie über die geöffnete Innenhand Ihres Kindes, zum
Schluß kitzeln Sie dieselbe Stelle)

83 Mäuschen, Mücke, Floh und Bär

Da kommt 'ne Maus,
die baut sich ein Haus,
da kommt 'ne Mücke,
die baut sich 'ne Brücke,
da kommt ein kleiner Floh,
der macht OHO!
Da kommt die Maus,
da kommt die Maus,
klingelingeling
ist da jemand zu Haus?
(Sie laufen mit Ihrer Hand am Arm Ihres Kindes hinauf und verstecken
sich in der Halskuhle und kitzeln)

84 Kuchenbacken

Backe, backe Kuchen,
der Bäcker hat gerufen,
wer will guten Kuchen backen,
der muß haben sieben Sachen:
Eier und Schmalz,
Butter und Salz,
Milch und Mehl,
Safran macht den Kuchen gehl (gelb).

Schieb, schieb in den Ofen rein.
(Dazu wird mit den Händen geklatscht)

85 Versteckvers
Pinke, Pinke, Pank,
Schmied ist krank,
wo soll er wohnen?
Unten oder oben?
(Ein kleines Geschenk wird in der Hand versteckt, und die Fäuste werden
abwechselnd übereinandergelegt)

86 Mäuschen im Häuschen
In unserem Häuschen
sind schrecklich viele Mäuschen.
Sie trippeln und trappeln,
sie zippeln und zappeln,
sie stehlen und naschen,
und will man sie haschen –
husch, sind sie weg!
(Die Finger sind Mäuschen und laufen aufgeregt auf dem Tisch umher,
zum Schluß verschwinden sie hinter dem Rücken)

87 Häuschen im Wind
Mein Häuschen ist nicht gerade –
das ist ja schade!
Mein Häuschen ist ein bißchen krumm –
das ist aber dumm!
Bläst der böse Wind hinein – huuu,
fällt das ganze Häuschen ein.

88 Osterhasen
Fünf Männlein sind in den Wald gegangen,
die wollten den Osterhasen fangen.
Der erste, der war so dick wie ein Faß,
der brummte immer: «Wo ist der Has'?»
Der zweite rief: «Sieh da, sieh da!
Da ist er ja, da ist er ja!»
Der dritte war der allerlängste,
doch leider auch der allerbängste,
der fing gleich an zu weinen:

«Ich sehe keinen, ich sehe keinen!»
Der vierte sagte: «Das ist mir zu dumm,
ich mach nicht mehr mit, ich kehr wieder um!»
Der Kleinste aber, der hat's gemacht,
der hat den Hasen nach Hause gebracht!
Da haben alle Leute gelacht,
ha ha ha, ja, ha!
(Jeder Finger wird vorgezeigt oder angetippt)

89 Sonnenkäfer

Erst kommt der Sonnenkäferpapa,
dann kommt die Sonnenkäfermama,
und hinterdrein, so klimperklein
die Sonnenkäferkinderlein.
Sie machen ihren Sonntagsgang
an unserer Fensterbank entlang.
Sie machen ihren Sonntagsgang
an unserer Fensterbank entlang.
(Die Hand spaziert den Arm Ihres Kindes hinauf und kitzelt dann die
Halskuhle)

90 Fünf Hündchen hat der Franz

Fünf Hündchen hat der Franz,
eins wedelt mit dem Schwanz,
eins, das geht wackel, wackel,
das ist des Fränzchens Dackel.
Eins ist der Spitz, der brave,
der hütet schon die Schafe.
Eins hält in dunkler Nacht
vor unserem Hause Wacht.
Und eins, das ganz, ganz kleine
führt Fränzchen an der Leine.
(Hierzu fallen Ihnen sicher Bewegungen mit jedem Finger einer Hand
ein)

91 Zehn Zappelmänner

Zehn kleine Zappelmänner
zappeln hin und her,
finden 's gar nicht schwer.
Zehn kleine Zappelmänner
zappeln auf und nieder,

zehn kleine Zappelmänner
tun das immer wieder.
Zehn kleine Zappelmänner
zappeln ringsherum,
zehn kleine Zappelmänner
scheint das gar nicht dumm.
Zehn kleine Zappelmänner
spielen gern Versteck,
zehn kleine Zappelmänner
sind auf einmal weg.
(Ein Fingerspiel für beide Hände. Zum Schluß verschwinden die Hände
hinter dem Rücken)

92 Zwerge auf dem Berge

Da droben auf dem Berge,
da ist der Teufel los,
da zanken sich fünf Zwerge
um einen dicken Kloß.
Der erste will ihn haben,
der zweite läßt ihn los,
der dritte fällt in 'n Graben,
dem vierten platzt die Hos',
der fünfte schnappt den Kloß
und ißt ihn auf mit Soß!
(Bei diesem Spiel kann auch ein Ball den Kloß ersetzen, oder etwas ge-
sundes Süßes)

93 Floh

Kommt eine Maus,
die baut ein Haus,
kommt eine Mücke,
die baut 'ne Brücke,
kommt ein Floh,
der macht so ...!
(Erst am Handgelenk krabbeln und langsam den Arm heraufgehen. Der
Floh springt dann plötzlich auf die Nase und kitzelt)

Die folgenden beiden Fingerspiele sind von Friedrich Fröbel:

94 Fähnchen auf dem Turme

Wie das Fähnchen auf dem Turme
sich kann drehn bei Wind und Sturme,
so soll sich mein Hähnchen drehn,
daß es eine Lust ist anzusehn.

95 Vöglein im Nestchen

In der Hecke auf das Ästchen
baut ein Vogel sich ein Nestchen,
legt hinein zwei Eierlein,
brütet aus zwei Vögelein.
Rufen die Kinder: Piep, piep, piep,
Mütterlein, du bist uns lieb.
(Am Anfang sind Sie der aktive Teil: Sie sprechen den Vers und machen
die Handbewegungen. Im Laufe der Zeit tauschen Sie die Rollen: Ihr
Kind spricht und handelt dabei mit den Fingern)

Anregungen für weitere Fingerspiele erhalten Sie in Raimund Pousset:
«Fingerspiele und andere Kinkerlitzchen», Rowohlt Verlag, Reinbek,
9,80 DM

KAPITEL 4

Rollenspiele: Indianer, Doktor, Pantomime

Kindergarten- und Schulkinder übernehmen im Spiel von selbst Rollen. Sie bevorzugen: Mutter/Vater/Kind, Arzt, Tarzan und Colt Sievers.

Rollenspiele können auch von Eltern und Erziehern eingesetzt werden, um die Sprache und das Sprechen des Kindes zu fördern. Dem Rollenspiel geht das Symbolspiel oder besser bekannt als «Als-ob-Spiel» voraus: «Du wärst der Vater, ich wäre die Mutter.» Aber auch das Rollenspiel enthält oftmals So-tun-als-ob-Elemente.

Parallel zur geistigen Entwicklung des Kindes wird dieses Spiel immer umfassender und abgestufter, und die Sprache übernimmt eine wichtige Funktion der Darstellung.

Das Rollenspiel ist wirklichkeitsgetreuer als das Symbolspiel. Lassen Sie Ihrem Kind viel Freiheit in der Gestaltung seiner Spiele, da sie helfen, Erfahrungen zu verarbeiten. Das Spiel fördert Phantasie und Erlebnis- und Ausdrucksfähigkeit, und besonders Sprache und Sprechen.

Sprachliche Verständigung ist notwendig zur Planung, Vorbereitung und Durchführung des Spiels. Das Rollenspiel verbessert deshalb Sprache. Kinder verwenden längere Sätze und erweitern ihren Wortschatz.

Das Rollenspiel erfordert ein hohes Maß an Zusammenarbeit. Die Rollenaufteilung muß besprochen werden, und das Kind muß das eigene Verhalten den anderen verständlich machen. Das Kind ahmt während des Spiels bestimmte Personen nach und erklärt dabei deren Verhalten.

Es übernimmt eine Rolle, d. h., das Kind versetzt sich in eine andere Person hinein und betrachtet die Umwelt und sich selbst aus der Sicht eines anderen.

Diese Fähigkeit ist im Leben unerläßlich, will man andere Menschen in ihrem Denken und Handeln verstehen und sie als Partner ernst nehmen.

96 **Erwachsene** Eine kleine Szene mit bekannten Personen wird gespielt, z. B. in der Badewanne, vor dem Fernseher, Streit ums Aufräumen, Tischgespräch.

Ihr Kind spielt einen Erwachsenen, Sie spielen Ihr Kind.

Dieses Spiel trägt auch dazu bei, die Haltung des anderen zu verstehen und Einfühlungsvermögen zu entwickeln.

97 **Phantasiegestalten und -situationen** Sie denken sich eine Szene aus, die im realen Leben nicht vorkommt, z. B. Landung der kleinen grünen Männchen, Gespräch mit Gott, Verabredung mit Nena.

98 **Berufe** Sie werden zum Clown, Handwerker, Tierarzt, Seeräuber, Tiefseetaucher, Friseur etc.

Als Vorbereitung müssen Sie sich mit den Tätigkeiten, Aufgaben und Kenntnissen des jeweiligen Berufes auseinandersetzen.

99 **Pantomime** Sie stellen pantomimisch Gefühle dar. Sie sind ängstlich, glücklich, erschrocken, nachdenklich, beleidigt, begeistert, wütend, müde etc.

100 **Tiere** Sie beobachten Tiere und stellen sie dar. Was macht der brüllende Löwe, das Nashorn, der Star, die Perserkatze, der alte Esel, der neugierige Affe, der treue Hund?

101 **Indianerzelt** Das Kinderzimmer wird mittels Decken, Stöcken, Plakaten etc. zum Wigwam.

Sie entwerfen das Indianerzelt auf dem Papier oder gestalten danach das Zimmer um.

Sie organisieren Materialien und einigen sich auf die Grenzen des Umbaus. Als Vorlage können Sie ein Indianerbuch benutzen, oder Sie überlegen sich, was Indianer in ihrem Zelt haben und wie sie es nutzen.

Sie sitzen dann in Ihrem Zelt und unterhalten sich auf «indianisch».

Variationen: Stadt, Bauernhof, Raumschiff, Höhle.

102 **Hand- oder Fingerpuppen** Der Einsatz von Hand- oder Fingerpuppen ist immer ein großer Erfolg, vor allem bei kleineren Kindern.

Puppenspiele gehören zu den Lieblingssendungen aller Kinder im Fernsehen. Im Spiel mit den Puppen werden dieselben Absichten verfolgt wie beim Rollenspiel, d. h. Erlebnisse werden nachgespielt oder Geschichten erfunden. Allerdings handeln die Spieler hier nicht unmittelbar selbst, sondern bedienen sich der Puppen als Mittel.

Da die Bewegungsfreiheit der Puppen eingeschränkt ist, können Handlungen oft nur angedeutet werden, das sprachliche Zusammenspiel zwischen den Puppen(spielern) steht im Vordergrund. Auch kann das Publikum (Oma, Opa, Freunde, Vater, Mutter, Geschwister) einbezogen werden, wie beim allseits beliebten Kasperlespiel («seid ihr alle da?»).

Die Puppen sind so gestaltet, daß die jeweiligen Merkmale überzeichnet auftreten. Somit sind ihnen Dinge erlaubt, die sonst nicht möglich sind. So kann Frosch Fritz schlau und listig sein und mächtig flunkern, während der liebe alte Großpapa so liebenswert, verständnisvoll und gütig ist, daß er auch mit diesen Eigenschaften alle Leute auf seine Art tyrannisiert, da alle Schuldgefühle bekommen.

Alle Puppen dürfen Gefühle zeigen und sonst verbotene Dinge tun. Gefühle müssen beim Hand- oder Fingerpuppenspiel weitgehend mit sprachlichen Mitteln ausgedrückt werden.

Da der Spieler die Möglichkeit hat, sich hinter der Puppe zu verstekken, kann Ihr Kind auch verbotene Gefühle ausleben.

Jede Puppenart herzustellen und zu spielen erfordert andere motorische Fähigkeiten. Schön ist es, wenn Sie vorher zusammen mit Ihrem Kind die Puppen herstellen.

Puppen mit Gesichtern erleichtern die Identifikationsmöglichkeit, Tierpuppen sollten aber «tierisch» bleiben und nicht zu verunglückten Menschengesichtern werden.

Puppen und Puppenspiel sind sehr gut geeignet, Ihr Kind zum Sprechen und Erzählen anzuhalten.

KAPITEL 5

Anregungen zur Wahrnehmungsförderung

Sehen

Das Sehen ist für die mündliche und für die Schrift-Sprache – das Schreiben – von großer Bedeutung.

Das Kleinkind schaut den Eltern beim Sprechen auf den Mund und lernt auch auf diesem Wege das Sprechen.

Daneben ist das Erkennen von Buchstaben – also zu Papier gebrachten Lauten – die Grundvoraussetzung für das Lesen und Schreiben.

Die folgenden Spiele tragen dazu bei, die Entwicklung des Sehens zu fördern.

103 **Vorbereitende Augenübung** Sie setzen sich in den Schneidersitz und stellen sich eine Wespe vor, die durch den Raum summt.

Sie verfolgen die Wespe mit den Augen, ohne dabei den Kopf zu bewegen.

Die Wespe fliegt an die Decke, zur linken Wand, nach unten auf den Boden, dann zur rechten Wand, und unsere Augen verfolgen sie zwei- bis dreimal bei dem Rundflug durch das Zimmer.

104 **Stockbalancieren** Sie balancieren einen Stock auf dem Zeigefinger. Das ist leicht, wenn das obere Stockende ständig mit den Augen kontrolliert wird und jede Schwankung sofort durch angemessene Gegenbewegungen ausgeglichen wird.

Variation: Abwechselnd das rechte und linke Auge verbinden.

105 **Mäuschenspiel** Sie schlenkern ein Seil im Zick-Zack-Kurs auf dem Fußboden durch den Raum, und Ihr Kind versucht, das Mäuschen (Seilende) mit dem Fuß zu fangen (drauftreten).

106 **Nasenkette** Sie sitzen Ihrem Kind gegenüber und stecken sich eine Streichholzschachtelhülse auf die Nase und geben sie an Ihr Kind auf die Nase weiter und umgekehrt, ohne dabei die Hände zu benutzen. Die Hände liegen dabei auf dem Rücken.

107 **Zeigefingerverfolgungsjagd** Ihr Kind hält sich das rechte bzw. linke Auge zu, und Sie zeichnen waagerechte, senkrechte und kreisende Bewegungen mit Ihrem Zeigefinger. Ihr Kind verfolgt diese Bewegungen mit den Augen. Sie achten bitte darauf, daß Ihr Kind nicht aus der Bewegung gleitet.

108 **Hase und Jäger** Sie benötigen zwei Taschenlampen und einen abgedunkelten Raum für dieses Spiel.

Ihr Kind bekommt eine Taschenlampe und wird zum Jäger ernannt, Sie sind der Hase und nehmen die andere Taschenlampe in die Hand.

Der Hase – als Taschenlampenhasenschein – läuft Zick-Zack durch den Raum und der Jäger – als Taschenlampenjägerschein – immer hinterher.

109 **Bohnen-, Erbsen-, Linsenspiel** Sie werfen einige Bohnen, Erbsen und Linsen hoch in die Luft und Ihr Kind zählt die einzelnen Bohnen (Erbsen, Linsen).

110 **Gegenteilspiel** Ihr Kind erhält Gegenstände, von denen Sie das Gegenteil haben, z. B.
kleiner – großer Ball
runder – eckiger Stift
dicker – dünner Ballon usw.
Sie halten einen Gegenstand hoch und Ihr Kind zeigt das dazugehörige Gegenstück her.

111 **Schattenspiel** Sie sind der Körper, Ihr Kind ist der Schatten und vollzieht alle Bewegungen nach.

112 **Formenspiel** Ihr Kind nennt eine Form, z. B. einen Kreis.

In drei Minuten müssen alle Gegenstände im Raum mit Kreisform gefunden und zusammengetragen, benannt oder aufgeschrieben werden.

Dabei sollte Ihr Kind jeweils vollständige Sätze bilden, z. B.: «Die Lampe ist rund wie die Sonne.»

113 **Figurenspiel** Sie malen eine Figur auf ein Blatt Papier oder eine Tafel, z. B. eine Zahl, einen Buchstaben, eine geometrische Form, und Ihr Kind legt diese Figur mit einem Seil auf dem Boden nach.

114 **Ringwurfspiel** Sie befestigen einen Stab senkrecht auf dem Boden und Ihr Kind versucht, einen Ring über den Stab zu werfen.

Hören

Gutes Hören ist wichtig für die Sprachentwicklung.

Hörbehinderte Kinder lernen zumindest verzögert sprechen, und gehörlose (taube) Kinder können niemals so sprechen, wie es als normal empfunden wird.

Es gibt zahlreiche Kinder, die keine Laute, Klänge und Töne unterscheiden können, ohne im engeren Sinne hörbehindert zu sein.

Diese Kinder verstehen z. B. statt

Kanne – Tanne

Zunge – Zange

Kreis – Greis usw.

Durch die folgenden Übungen können Sie die Sprachentwicklung Ihres Kindes günstig beeinflussen:

115 **Das Heiß-Kalt-Geräuschespiel** Sie denken sich eine bestimmte Handlung aus, die Ihr Kind ausführen soll, z. B. den blauen Rock aus dem Kleiderschrank holen, anziehen und sich im Spiegel betrachten.

Sie führen Ihr Kind jetzt durch Geräusche wie: Pfeifen, Summen, Singen, Klatschen, Trommelschlagen, Besteckrasseln, Glöckchenklingeln usw. an die Handlung heran, und zwar nach dem Prinzip: Heiß-kalt (heiß = laut = du bist auf dem richtigen Weg! Kalt = leise = jetzt bewegst du dich vom Ziel weg!)

116 **Geräuschespiel** Ihr Kind steht mit dem Gesicht zur Wand, und Sie machen hinter seinem Rücken mit Gegenständen Geräusche, die Ihr Kind erraten muß, z. B. Bleistift anspitzen, Seiten im Buch umblättern, Papier zerreißen oder zerknüllen, Bilder geraderücken etc.

Variation: Ihr Kind muß nicht nur das Geräusch bestimmen, sondern auch die Richtung orten.

117 **Spinnenspiel** Ihr Kind sitzt mit verbundenen Augen in der Mitte des Zimmers auf dem Boden und ist eine Spinne, die ihr Netz um sich herum gewoben hat.

Sie lassen einen Bonbon in das Spinnennetz fallen und Ihr Kind muß durch aufmerksames Horchen herausfinden, wo es die «Beute» finden kann.

118 **Dosengeräuschespiel** Sie füllen Materialien wie Erbsen, Glasperlen, Kieselsteinchen, Sand etc. in Dosen, die verschlossen werden können. Ihr Kind nimmt eine Dose, schüttelt sie und rät, womit sie gefüllt ist.

119 **Kieselsteinspiel** Ihr Kind schüttet mit verbundenen Augen fünf Kieselsteine nur nach Gehör von einem Gefäß in ein anderes.

120 **Unwetterspiel** Sie spielen mit Ihrem Kind Unwetter: Langsam und leise Klatschen (Regentropfen fallen vom Himmel), immer schneller und lauter werden (starker Regenguß), mit den Füßen stampfen (Donner), dann wieder langsamer und leiser werden (das Gewitter ist vorüber). Am stimmungsvollsten ist diese Übung am Abend im dunklen Zimmer mit einer Kerze als Blitz.

121 **Das La-le-li-lo-lu-Spiel** Sie denken sich die Geschichte einer Welt- bzw. Kosmosreise aus. Auf diesem Weg begleiten Sie und Ihr Kind fünf Fahrzeuge,

La = Dreirad

Le = Tretauto

Li = Fahrrad

Lo = Auto

Lu = Raumschiff.

Die Reise beginnt, als Ihr Kind drei Jahre alt ist und Dreirad fährt, und endet mit einer wunderschönen Reise mit dem La-le-li-lo-lu durch das Weltall.

Jedesmal wenn von einem fahrbaren Untersatz die Rede ist, benutzen

Sie den verabredeten Begriff. Zum Beispiel: Das Raumschiff hebt ab und der Count-down heißt: La-le-li-lo-luuuuuuuuuuuuu. Dabei wird jeder Vokal lang gezogen und ansteigend gesprochen, die Stimmung steigt, das La-le-li-lo-lu hebt ab und trägt Sie zu dem 3 Millionen Lichtjahre entfernten Planeten mit den kleinen grünen Männchen, die seltsamerweise auch die La-le-li-lo-lu-Sprache sprechen.

122 **Lautunterscheidung I** Sprechen Sie Ihrem Kind (Mindestalter drei Jahre) die Wörter so vor, daß es nicht auf Ihre Lippen schauen kann:

1. Tasse – Kasse
2. Kanne – Tanne
3. Nadel – Nagel
4. Kamm – Kahn
5. Katze – Tatze
6. Drachen – krachen
7. krank – Tank
8. Tasse – Tasche
9. Busch – Bus
10. Fisch – Schiff

123 **Lautunterscheidung II** Sprechen Sie Ihrem Kind (Mindestalter vier Jahre) jedes der folgenden Wortpaare einmal vor.

Dabei soll Ihr Kind Ihnen auf den Mund schauen und anschließend die Wörter wiederholen.

1. Anna Apfelmus
2. Baldur Blaß
3. Christiane Christianson
4. Dora Dussel
5. Emil Ernst
6. Frank Flegel
7. Gustav Gans
8. Heinrich Häßlich
9. Ida Immergrün
10. Julia Jubel
11. Karin Komisch
12. Linda Lustig
13. Miriam Mollig
14. Nina Nützlich
15. Olaf Ordentlich
16. Peter Peinlich
17. Quala Quälgeist
18. Rosa Rüstig
19. Sabine Säuberlich
20. Trude Trampelich
21. Ursula Unmöglich
22. Viktor Verrückt
23. Werner Winzig
24. Xantippe Xox
25. Yorck Yucca
26. Zenzi Zwiebel

Wenn Sie meinen, daß Ihr Kind zu viele Fehler macht, nehmen Sie bitte Rücksprache mit einem Fachmann oder einer Fachfrau.

KAPITEL 6

Sprechzeichnen

Wer kennt es nicht, «Das Haus vom Nikolaus».

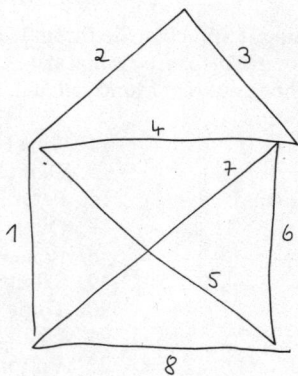

Hinter dem, was wir als Kinder als kleinen Spaß kennengelernt haben, steckt eine gute Möglichkeit indirekter Sprachförderung.

Sprechzeichnen heißt das Zauberwort: Sie und Ihr Kind sprechen und zeichnen gleichzeitig.

Das Sprechzeichnen wirkt sich durch das rhythmische Sprechen und die gleichzeitige Bewegung des Zeichnens positiv auf die Sprache, das Sprechen und das Atmen aus; Störungen beim Sprechen treten weder bei polternden noch bei stotternden Kindern und Jugendlichen auf. Nebenbei wird die Konzentrationsfähigkeit unterstützt.

Falls Ihr Kind schon die Schule besucht, kennen Sie die Schwingübungen als Vorbereitung des Schreibenlernens. Die nun folgenden Übungen fangen mit Schwingübungen an und enden in komplizierten Figuren und Symbolen. Das Zeichnen wird immer von Sprache begleitet. Alle Übungen werden zuerst mit der bevorzugten Hand, dann mit der anderen Hand und schließlich beidhändig gezeichnet.

Sie schwingen bei der ersten Figur von links nach rechts, von rechts nach links, von links nach rechts.

124 Hin und her

Hin und her,
hin und her,
das ist nicht schwer.
Schaukel hin,
schaukel her,
kleine Maus und
großer Bär.
Schwing, schwing,
Buntstift, schwing.
Der Kreis ist rund,
so rund und so bunt.

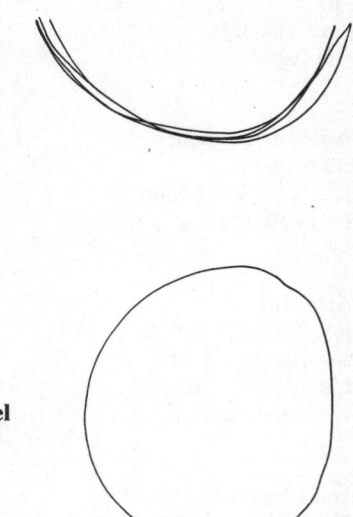

125 Lirum, Larum, Löffelstiel

Lirum, Larum, Löffelstiel,
wer dies nicht kann,
der kann nicht viel.
Mein Ball ist rot,
so rot und rund,
so rund und bunt.
Dabei können Sie und Ihr Kind den Kreis vorwärts und rückwärts zeichnen. Wenn Ihnen die Verse nicht zusagen, werden Sie selbst zum kleinen Poeten.

Die zweite Stufe ist das Zeichnen mit der jeweils anderen Hand, an das sich das beidhändige Kreiszeichnen anschließt.

126 Morgens

Morgens früh um sechs
kommt die kleine Hex!

Morgens früh um sieben
schabt sie gelbe Rüben!

Morgens früh um acht
wird Kakao gemacht!

Morgens früh um neun
kann sie sich richtig freun!

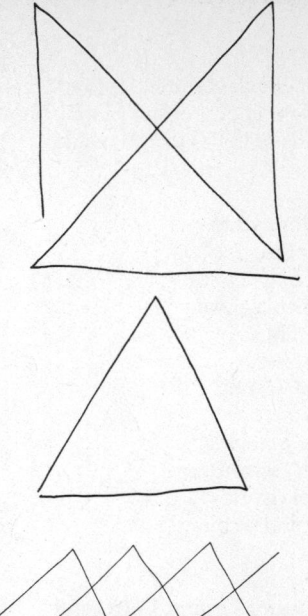

127 La-le-li-lo-lu
La-le-li-lo-lu,
die dumme Kuh sagt
Ma-me-mi-mo-mu!

128 In diesem Häuschen
In diesem Häuschen
wohnt Klaus mit Kläuschen
(wie geht's weiter?)

129 Mein Hut
Mein Hut, der hat drei Ecken,
drei Ecken hat mein Hut,
und hätt er nicht drei Ecken,
so wär er nicht mein Hut.

130 Drei Chinesen
Drei Chinesen mit dem Kontrabaß
saßen auf der Straße und erzählten sich was,
kam die Polizei «Na, was ist denn das?»
Drei Chinesen mit dem Kontrabaß!
Dieses Lied wird dann mit den Vokalen
a, e, i, o, u gesungen, z. B. so:
Dra Chanasen mit dem Kantrabaß
oder
Dro Chonosen mit dem Kontroboß.

131 Herr von Hagen
Herr von Hagen,
darf ich's wagen,
Sie zu fragen,
welchen Kragen
Sie getragen,
als Sie lagen
krank am Magen
auf der Fahrt nach Kopenhagen?

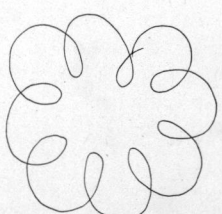

132 Kleine Schnecke
Kleine Schnecke,
komm heraus,
denn sonst ist das Märchen aus!

133 Das Segelboot
Das Segelboot,
das Segelboot,
das leuchtet schön
im Abendrot.

134 SOS
SOS, die Maus sieht rot,
denn es gibt kein Abendbrot.

135 Fischers Fritze
Fischers Fritze
fischte frische Fische,
frische Fische
fischte Fischers Fritze

136 Der dicke Bär
Der dicke Bär von Hanekenfähr
war stinkefaul und gar nicht fair.

137 Konrad, das Krokodil
Konrad, sprach das Krokodil,
schwimm nicht so viel im Nil!
Konrad, das Krokodil,
schwamm den ganzen Tag im Nil!

(Die Anzahl der Zacken richtet sich nach dem Sprechrhythmus.) Falls Ihr Kind die Verse noch nicht behalten kann, üben Sie sie vor dem Zeichnen ein.

Die Verse können mal laut und leise, hoch und tief, weich oder schärfer akzentuiert gesprochen werden.

Kapitel 7

Malen, Rhythmus und Musik

Musikmalen ist freies Malen zur Musik.

Ihr Kind hört seine Lieblingsmusik und malt dazu, was ihm gerade einfällt.

Musikmalen ist für alle Kinder eine Quelle der Freude; hier kann sich das Kind austoben, abreagieren, phantasieren, bewußte und unbewußte Ängste bearbeiten oder sogar verarbeiten.

Das Musikmalen hat nicht nur eine allgemeine positive psychische Wirkung, es trägt auch zur Förderung der sprachlichen und motorischen Entwicklung bei. Gehemmte (motorisch wie sprachlich) Kinder lockern sich, zappelige, unruhige Kinder können sich selbst regulieren. Schmieren, Matschen und Sudeln sind kindliche Bedürfnisse, die in unserer Zeit kaum oder gar nicht befriedigt werden. Geben Sie Ihrem Kind Gelegenheit, dieses ungestillte «Verlangen» auszuleben.

Musik und Malen beruhigen. Und es hat erstaunliche Erfolge. Nur wenige Methoden sind so einfach und erfolgreich wie das Musikmalen.

Gemalt wird mit Kreide, Pastellkreide, Kleister, Wachsmalstiften, Fingerfarbe oder Aquarellstiften.

Für kleine Kinder empfehle ich die kostengünstige Herstellung von Fingerfarbe in Eigenbau: Tapetenkleister wird mit Lebensmittelfarbe gemischt, fertig!*

Ihr Kind zieht Vaters altes Oberhemd über und darf sich die Musik (Kassette oder Schallplatte) aussuchen.

Am Anfang können Sie Ihrem Kind, falls es ratlos vor der Tapetenrolle oder dem großen Papierbogen sitzt – einige Anregungen geben, am besten durch das eigene Beispiel. Zeichnen Sie Kreise, Ellipsen, Spiralen, Achten, Wellen, je nach Lust, Laune, Stimmung, Rhythmus der Musik.

Die Sprache hat ebenso wie die Musik einen Rhythmus und eine Melo-

---

* Wenn Sie Fingerfarben kaufen, beachten Sie bitte die entsprechenden Testergebnisse in: Redaktion des Öko-Test-Magazins (Hg.): Der Öko-TEST. Vom Autoreifen bis zum Zucker im Müsli. Reinbek 1986

die. Rhythmus ist auch in den Körperbewegungen. Der Ur-Rhythmus ist Anspannung und Entspannung. Dieser Ur-Rhythmus ist auch beim Sprechen und Singen vorhanden. Durch Musik mit ihrer Melodie und ihrem Rhythmus läßt sich somit Sprache und Sprechen fördern.

Das Kleinkind entwickelt schon vor dem Sprachverständnis ein rhythmisches Gefühl für Sprache. Es nimmt seinen Namen durch den ihm eigenen rhythmischen Klang wahr. Dieser ist individuell und situationsbedingt, wird aber von Eltern und anderen nahen Personen annähernd gleich verwandt.

Sprachliche und musikalische Entwicklung beruhen auf den gleichen Anlagen und ähnlichen rhythmisch-musikalischen Elementen. Sprachstörungen wie Stammeln, Stottern und Poltern äußern sich deshalb immer auch in einem gestörten Sprechrhythmus.

Spielt niemand rhythmisch mit einem Kind, singt oder spricht niemand Lieder und Reime mit ihm, gibt ihm niemand liebevolle sprachliche Zuwendung, so kann sich seine Musikalität in Sprache und Musik nur schwer entfalten. Auch wenn Mißerfolge und Unlust beim Sprecherwerb und Sprechen das Kind sprechscheu und sprecharm werden lassen, so ist gleichzeitig der gesamte rhythmisch-musikalische Bereich betroffen.

Umgekehrt können Rhythmus und Musik verschüttete Sprachlichkeit aktivieren.

Lieder, die Musik und Sprache (Text) verbinden, sind zur Sprachförderung bestens geeignet.

Nach Möglichkeit sollte sich Ihr Kind zu der Musik bewegen (siehe Kapitel 10, S. 74), sei es, daß es tanzt, springt, hopst, geht, schreitet, sich dreht, schwingt, klatscht, trampelt oder selbst musiziert. Als Instrumente nehmen Sie Topfdeckel, Klanghölzer, Tamburin, Triangel etc.

Falls Ihr Kind noch im Vorschulalter ist, sind illustrierte Liedersammlungen wie «Die große Liederfiebel» von H. und J. Grüger zu empfehlen. Die Lieder aus diesem Buch gibt es auch als Schallplatte zu kaufen. (Pädagogischer Verlag Schwann, Düsseldorf 1980, Teil I, Teil II und die Schallplatte jeweils 19,80 DM)

138 Summ, summ, summ!

«Summ, summ, summ! Bienchen, summ herum!
Ei, wir tun dir nichts zuleide, flieg nur aus in Wald und Heide!
Summ, summ, summ! Bienchen, summ herum!
Such in Blumen, such in Blümchen dir ein Tröpfchen, dir ein Krümchen!
Kehre heim mit reicher Habe, bau uns manche volle Wabe!»

Bewegung: Sie summen mit ausgebreiteten Armen bienchengleich durch das Zimmer und suchen überall nach Nahrhaftem und bauen daraus eine Wabe.

Musizieren: Takt mit einem improvisierten Schlaginstrument schlagen.

139 Alle meine Entchen

«Alle meine Entchen schwimmen auf dem See,
Köpfchen in das Wasser, Schwänzchen in die Höh'.»

Bewegung: Die Hände werden zu einem Schwänzchen, das an der entsprechenden Stelle keck in die Luft schaut. Falls Sie das Lied mit Ihrem Kind in der Badewanne singen, lassen Sie das Köpfchen im Wasser verschwinden und recken den Po aus dem Wasser.
Musizieren: Lassen Sie Ihr Kind selbstgewählte Akzente setzen. In der Badewanne leistet ein Quietschentchen wertvolle Dienste.

140 Kuckuck, Kuckuck

«Kuckuck, Kuckuck, ruft's aus dem Wald.
Lasset uns singen, tanzen und springen!
Frühling, Frühling, wird es nun bald.
Kuckuck, Kuckuck, läßt nicht sein Schrei'n.
Kommt in die Felder, Wiesen und Wälder!
Frühling, Frühling, stelle dich ein!»

Bewegung: Sie fliegen (mit ausgebreiteten Armen) ausgelassen singend, tanzend und springend über Kissen, Schaumstoffteile etc. oder im Garten oder auf dem Feld umher.

141 Trarira!

«Trarira! Der Sommertag ist da!
Wir wollen in den Garten und woll'n des Sommers warten.
Ja, ja, ja! Der Sommertag ist da!
Wir wollen an die Hecken und woll'n den Sommer necken.
Der Sommer hat gewonnen, der Winter hat verloren.
Ja, ja, ja! Der Sommertag ist da!»

142 Häschen in der Grube

«Häschen in der Grube, saß und schlief.
‹Armes Häschen, bist du krank, daß du nicht mehr hüpfen kannst?›
Häschen hüpf, Häschen hüpf, Häschen hüpf!
Häschen, vor dem Hunde hüte dich!
Hat gar einen scharfen Zahn, packt damit mein Häschen an.
Häschen hüpf, Häschen hüpf, Häschen hüpf!»

143 Fuchs, du hast die Gans gestohlen

«Fuchs, du hast die Gans gestohlen; gib sie wieder her,
sonst wird dich der Jäger holen mit dem Schießgewehr!
Seine große, lange Flinte schießt auf dich den Schrot,
daß dich färbt die rote Tinte, und du bist dann tot.
Liebes Füchslein, laß dir raten, sei doch nur kein Dieb!
Nimm, du brauchst nicht Gänsebraten, mit der Maus vorlieb.»

(Die Verfolgungsjagd sollte nicht zu wild ausfallen, sonst bleibt das Singen auf der Strecke.)

144 Ein Männlein steht im Walde

«Ein Männlein steht im Walde ganz still und stumm,
es hat von lauter Purpur ein Mäntlein um.
Sagt, wer mag das Männlein sein, das da steht im Wald allein
mit dem purpurroten Mäntelein?
Das Männlein steht im Walde auf einem Bein,
es hat auf seinem Haupte schwarz Käpplein klein.
Sagt, wer mag das Männlein sein, das da steht im Wald allein
mit dem kleinen schwarzen Käppelein?»

Bewegung: Auf einem Bein stehen und die Hände als Hütchen über den Kopf halten.

145 Große Uhren

«Große Uhren gehen tick, tack, tick, tack.
Kleine Uhren gehen ticke, tacke, ticke, tacke.
Und die ganz kleinen Uhren ticketacke, ticketacke, ticketacke tick.»

Bewegung: Kopf im Takt bewegen und sich genau dem Rhythmus anpassen.

Musizieren: Hier bieten sich Schlaginstrumente an. Ideal wären zwei Pauken oder Tamburine, rechts und links vom Kind. Ticke (rechter Schlag mit der rechten Hand), Tacke (Schlag mit der linken Hand).

146 Jetzt steigt Hampelmann

«Jetzt steigt Hampelmann, jetzt steigt Hampelmann
aus seinem Bett heraus, aus seinem Bett heraus.
Oh, du mein Hampelmann, mein Hampelmann bist du!»

Bewegung: Sie spielen einen Hampelmann als Marionette. Sie führen die Fäden, Ihr Kind bewegt sich dazu.

147 Widewidewenne

«Widewidewenne heißt meine Putthenne.
‹Kann nicht ruhn› heißt mein Huhn,
‹Wackelschwanz› heißt meine Gans.
‹Schwarz und weiß› heißt meine Geiß,
‹Dreibein›, so heißt mein Schwein.
‹Ehrenwert› heißt mein Pferd,
‹Gute Muh› heißt meine Kuh.
‹Wettermann› heißt mein Hahn,
‹Kunterbunt› heißt mein Hund.
‹Schlupf hinaus› heißt meine Maus.
‹Wohlgetan› heißt mein Mann,
‹Sausewind› heißt mein Kind.
‹Leberecht› heißt mein Knecht,
‹Spätbetagt› heißt meine Magd.
Widewidewenne heißt meine Putthenne.»

Bewegung: Darstellung der einzelnen Tiere und typischer Bewegungsabläufe, z. B. watschelt die Gans und pickt das Huhn.

148 Spannenlanger Hansel

«Spannenlanger Hansel, nudeldicke Dirn,
gehn wir in den Garten, schütteln wir die Birn!
Schüttel ich die großen, schüttelst du die klein.
Wenn das Säckel voll ist, gehn wir wieder heim!»

Bewegung: Sie schütteln und rütteln und tragen den schweren Sack heim.

149 Hänsel und Gretel

«Hänsel und Gretel verliefen sich im Wald.
Es war so finster und auch so bitter kalt.
Sie kamen an ein Häuschen von Pfefferkuchen fein:
Wer mag der Herr wohl von diesem Häuschen sein?
Hu, hu, da schaut eine alte Hexe raus.
Sie lockt die Kinder ins Pfefferkuchenhaus.
Sie stellte sich gar freundlich, o Hänsel, welche Not!
Ihn wollt sie braten im Ofen braun wie Brot!

Doch als die Hexe zum Ofen schaut hinein,
ward sie gestoßen von unserm Gretelein.
Die Hexe mußte braten, die Kinder gehn nach Haus.
Nun ist das Märchen von Hans und Gretel aus.»

Bewegung: Die Geschichte läßt sich gut spielen. Lassen Sie Ihrer Phantasie freien Lauf.

150 Es tanzt ein Bi-ba-butzemann

«Es tanzt ein Bi-ba-butzemann in unserm Haus herum.
Er rüttelt sich, er schüttelt sich,
er wirft sein Säcklein hinter sich.
Es tanzt ein Bi-ba-butzemann in unserm Haus herum.»

Bewegung: Sie tanzen ausgelassen und halten sich an den Händen.
    Für ältere Kinder eignen sich Volkslieder. Hier eine Auswahl, die Ihnen wahrscheinlich noch aus der eigenen Schulzeit in den Ohren klingt:

«Die alten Rittersleut»
Ein überliefertes Volkslied, das Karl Valentin bearbeitet hat.

«Dem Herrn Pastor sin Kauh»
Spottlied aus dem norddeutschen Raum.

«Es, es, es und es»
Ein Lied der fahrenden Handwerksgesellen.

«Und in dem Schneegebirge»
Schlesisches Volkslied.

«Wenn alle Brünnlein fließen»
Volkslied aus Süddeutschland aus dem 16. Jahrhundert.

«Tanzen und Springen, Singen und Klingen»
Ein Tanzlied aus dem 17. Jahrhundert.

«Widele, wedele, hinterm Städele»
Reigenlied aus Schwaben.

«Auf der schwäb'sche Eisebahne»
Ebenfalls aus Schwaben.

«Die Gedanken sind frei»
Dieses Lied erschien zum erstenmal in den Jahren vor oder nach der Französischen Revolution auf Flugblättern (1780–1800).

«Als wir jüngst in Regensburg waren»
Bayerisches Volkslied aus dem 19. Jahrhundert.

«Nun ade, du mein lieb' Heimatland»
Um 1850 entstandenes Volkslied.

«Zogen einst fünf wilde Schwäne»
Volkslied aus dem Litauischen.

«Im Frühtau zu Berge»
Studentenlied aus Schweden.

«Es tönen die Lieder»
Ein alter deutscher Kanon.

«Winter, ade!»
Fränkisches Volkslied mit dem Text von Hoffmann von Fallersleben.

«Winde weh'n, Schiffe geh'n»
Finnisches Seemannslied.

«Die Moorsoldaten»
Lied deutscher Antifaschisten unter Hitler.

Viele Anregungen erhalten Sie durch das «Volksliederbuch» von A. Kettel, rotfuchs 210, das eine Auswahldiskographie zum deutschen und ausländischen Volkslied enthält. (Rowohlt Verlag, DM 9,80)

Sie können auch zu den teilweise sehr originellen neuen Kinderliedern greifen, die die Bewegungsabläufe schon vorbestimmen.

Spielen Sie Ihrem Kind die Lieder vor – selber oder von der Schallplatte oder Kassette, singen Sie mit ihm den Text. Erzählen Sie Ihrem Kind von der Entstehungsgeschichte und dem Inhalt der Lieder. Mit Ihrem Kind fangen Sie an, zu dem Rhythmus Bewegungen auszudenken. Bewegung und Sprache (Text) gehören zusammen und führen zu einer optimalen psycho-motorischen Sprachförderung.

KAPITEL 8

Ent-krampfung

Atemspiele

Die Atmung ist lebensnotwendig nicht nur aus körperlichen, sondern auch aus psychischen Gründen.

Das Leben beginnt mit dem ersten Atemzug des Neugeborenen und endet mit dem letzten Atemzug des Sterbenden. In dem Zeitraum dazwischen ist das Atmen ein Abbild aller körperlichen wie seelischen Eindrücke.

Atemförderung und Atemtherapie haben ihre Wurzeln in alten fernöstlichen Kulturen, bei den Indern, den Chinesen und den Japanern.

Atemtherapie ist oftmals Bestandteil der Sprachtherapie. Atemschulung oder Atemförderung ist jedem zugänglich.

Lernen wir doch alle, richtig zu atmen! Aber: Weh dem, der unbedingt richtig atmen will! Unsere Atmung kommt und geht wie von selbst. Wir lernen also nicht mit dem Kopf, wie richtig geatmet wird, sondern durch Tun.

151 **Lernen Sie übend, den Atem zu spüren**, ihn zu beobachten und ihn zu lassen:

Beobachten Sie Ihren Atem, nachdem Sie sich genußvoll gestreckt und gereckt haben.

Stellen Sie sich vor, Sie liegen auf Ihrer Luftmatratze auf dem Wellenmeer des Mittelmeeres. Die Woge kommt – Sie atmen ein und Ihr Bauch wird dick und dicker – und Sie atmen aus – der Bauch fällt zusammen.

Zwischen Einatmung und Ausatmung entsteht eine kleine Pause.

Lauschen Sie der Atmung des anderen. Sie und Ihr Kind stehen Rükken an Rücken, die Arme hängen entspannt am Körper herunter.

Sie fassen die Hüfte Ihres Kindes und laden es auf ihren Rücken, indem Sie mit Ihrem Po unterhalb des Pos Ihres Kindes ansetzen. Ihr Kind läßt sich bequem gedehnt über Ihren Rücken hängen.

Achten Sie gegenseitig auf die Atmung!

152 **Atmen durch die Nase** Die folgende Nasenatmungsübung beruhigt das Nervensystem, entspannt und erfrischt den ganzen Körper:

Setzen Sie sich beide aufrecht in den Schneidersitz. Verschließen Sie mit dem Ringfinger der rechten Hand das linke Nasenloch.

Atmen Sie durch das rechte Nasenloch ein und zählen Sie dabei eins-zwei-drei-vier!

Verschließen Sie jetzt mit dem Daumen das rechte Nasenloch und halten Sie den Atem vier Sekunden lang an.

Öffnen Sie jetzt das linke Nasenloch und atmen Sie vier-fünf-sechs Sekunden aus. Atmen Sie so lange aus, bis Ihre Lungen vollständig entleert sind. Atmen Sie jetzt durch das linke Nasenloch ein und zählen dabei eins-zwei-drei-vier.

Schließen Sie das Nasenloch wieder mit dem Ringfinger und halten Sie den Atem eins-zwei-drei-vier Sekunden lang an.

Jetzt atmen Sie durch das rechte Nasenloch vier bis acht Sekunden lang aus.

Versuchen Sie, einen Vier-zu-vier-zu-acht-Atemrhythmus zu erreichen. Vier Sekunden Einatmung, vier Sekunden Atemanhalten, acht Sekunden Ausatmung.

153 **Reinigungs-Atmung** Setzen Sie sich in den Schneidersitz.

Atmen Sie tief ein, der Bauch dehnt sich aus. Holen Sie dabei so viel Luft, wie das in ein bis zwei Sekunden möglich ist.

Ziehen Sie den Bauch mit aller Gewalt zurück, die Luft wird dabei durch die Nasenlöcher herausgedrückt.

Wiederholen Sie diese Übung fünfmal.

Das Ein- und Ausatmen sollte nicht länger als ingesamt eine Minute dauern.

154 **Tiefatmung** Die Tiefatmung kräftigt Lungen, Brustkorb und Bauch, reinigt das Blut und mobilisiert Energiereserven.

Sie und Ihr Kind setzen sich in den Schneidersitz. Bitte nicht ins Hohlkreuz fallen, sondern versuchen Sie, gerade zu sitzen.

Atmen Sie ganz langsam und bewußt durch die Nase ein. Füllen Sie Bauch, Rippen, Lunge und Brust in dieser Reihenfolge – also von unten nach oben – mit viel Luft. Halten Sie die Luft achtmal eins-zwei-drei-vier-fünf Sekunden an und atmen Sie dann ganz langsam aus. Der Bauch, der Rippenbereich, die Lunge und die Brust sind ganz leer. Eine kleine Pause und die Übung wird wiederholt.

155 **Kühlende Atmung** Diese Übung sollten Sie mit Ihrem Kind machen, wenn es Fieber hat. Sie wirkt kühlend, reinigend und vorbeugend gegen Atembeschwerden.

Setzen Sie sich beide in den Schneidersitz.

Strecken Sie Ihre Zungen heraus und formen Sie eine Zungenrille oder -rinne.

Atmen Sie zischend durch diese Rinne ein.

Dann halten Sie eins-zwei-drei-vier-fünf Sekunden den Atem an.

Jetzt wird langsam durch die Nase ausgeatmet.

Wiederholen Sie diese Übung, falls sie Ihrem – kranken – Kind Spaß macht, ungefähr fünfmal.

Stimmübungen

Beim Sprechen, Singen, Brüllen schließen sich die Stimmbänder im Kehlkopf bis auf einen engen Spalt.

Die Verbindung von Ausatmung und Stimmbandbewegungen heißt Einsatz. Die Höhe der erzeugten Töne hängt von Spannung und Länge der Stimmbänder ab.

Falls Ihr Kind an einer Stimmstörung leidet, ist auf jeden Fall der Rat eines Fachmannes einzuholen. Auch die therapiebegleitenden Maßnahmen sollten Sie nur unter Kontrolle eines Sprachtherapeuten ausführen.

Leidet Ihr Kind an einer Sprach- oder Sprechstörung, so können Sie die Stimme und die Atmung durch folgende Übungen unterstützen:

156 **Tiersprachen**
Sie: Wie macht der Hund?
Ihr Kind: Wau – Wau
Sie: Wie macht die Kuh?
Ihr Kind: Muh
Sie: Wie macht die Katze?
Ihr Kind: Miau
Diese Tiere eignen sich noch für die «Tiersprachen-Übung»: Ziege, Ente, Pferd, Biene, Hahn, Esel, Kuckuck, Frosch, Eule.

Ihr Kind soll jeden Ausruf laut und kräftig so lange wiederholen, wie es ihm Spaß macht!

157 **Werfen Sie Ihrem Kind einen schönen, leichten, großen Ball zu.** Rufen Sie Ihrem Kind einen Vokal oder eine Vokal-Konsonantenverbindung zu (z. B. a, e, i, o, u – al, el, il, ol, ul – ka, ke, ki, ko, ku), wenn Sie ihm den Ball zuwerfen.

Ihr Kind soll den Ball mit derselben Silbe zurückwerfen.

158 **Kaugummi** Ihr Kind kaut Kaugummi (ohne Zucker!) und macht während des Kauens = «mummmm!, mmmmmmm» und reibt sich leicht den Bauch.

159 **Schlitten** Sie stehen auf dem höchsten Berg der Welt und sausen mit dem Zweisitzer-Schlitten in die Tiefe und atmen dabei aus. Sie rufen während der Abfahrt: OOOOOOOOOOOOOMMMMM.

160 **Achterbahn** Sie legen eine Schallplatte mit beschwingter Instrumentalmusik auf und spielen Achterbahnfahren auf dem Papier. Mit der Bewegung sagen Sie: OOOOOOOOOOOOOOOOOOOO!

Dieses langgezogene O kommt gleichzeitig zur Bewegung mal hoch und mal tief!

161 **Flugzeug** Sie sind zwei Flugzeuge und fliegen mit weit ausgebreiteten Armen durch das Zimmer und brummen: brrrrrrrrr, brrrrrrr, brrrrrrrrrrrr. Das Flugzeug startet und landet und wird laut und leise.

162 **Pferd** Sie knien sich auf den Boden und werden zu einem Pferd. Ihr Kind setzt sich auf den Rücken des Als-ob-Pferdes und macht: Hu-hott, Hoppla-hopp! Dann traben Sie los.

163 **Schlangen** Sie malen zusammen Schlangen und Zick-Zack-Linien auf einen großen Papierbogen und sagen rhythmisch dazu: MÜÜÜÜÜÜÜÜÜÜÜÜÜÜÜÜÜÜÜÜ.

164 **Radio-Spiel** Ihr Kind ist ein Radio! Es denkt sich aus, wie es anzustellen ist. Entweder müssen Sie am rechten Ohr ziehen, am linken großen «Onkel» streicheln oder ihm einen Kuß auf die Nase geben.

Ihr Kind fängt an zu sprechen wie der Radiosprecher, wenn Sie auf die richtige Idee gekommen sind. Während es spricht – wie wäre es mit einer Tennisreportage oder einer Geschichte aus der Sesam-Straße –, verstellen Sie die Lautstärke.

Meditieren

Transzendentale Meditation klingt in westlichen Ohren, die sich noch nicht mit östlicher Philosophie und Buddhismus auseinandergesetzt haben, etwas anrüchig, gerade nach den (Medien-)Erfahrungen mit verdächtigen Sekten.

Den Weg zur Entspannung, den ich hier vorschlage, nenne ich «meditativ». Beim autogenen Training und ähnlichen Methoden geht es vorrangig darum, den Körper tief zu entspannen. Ganz beiläufig haben Sie und Ihr Kind durch die Atemübungen dieses Kapitels erfahren, daß auch Ihr Geist in diese allgemeine Entspannung einbezogen wurde.

Haben Sie bemerkt, daß Sie ein paar Sekunden an gar nichts gedacht haben? Der sonst unablässig fließende Gedankenstrom war abgeschaltet, und dieses Erlebnis war schön und wohltuend. Sie waren für kurze Zeit in jenem Zustand der Stille und Leere, wie er von vielen Meditierenden erlebt wird.

Meditieren bringt Angstabbau durch Entspannung, es setzt Energie und Kreativität frei und erzeugt eine ausgeglichene bis glückliche Stimmungslage. Wenn Ihr Kind durch regelmäßige meditative Entspannung ruhiger und ausgeglichener wird, verringern sich auch Sprech- oder Sprachstörungen wie Stottern, Stammeln, Mutismus oder Poltern.

Diese Entspannung aus der angstfreien, ruhigen Situation in Ihrem Wohnzimmer in hektische und stressige Alltagssituationen mitzunehmen, ist schwer, wird sich aber mit der Zeit einstellen.

«Wunder» sind nur nach längerem Meditieren und bei allgemein guten Lebensbedingungen zu erwarten. Aber: Wer nicht an Wunder glaubt, ist kein Realist. Wagen Sie einen Versuch. Falls Sie einige Zeit durchhalten, wird Ihnen die wunderbare Wirkung der Meditation nicht verborgen bleiben.

165 Vorbereitende Gehübung

Versuchen Sie bei den Übungen, nichts zu kontrollieren. Konzentrieren Sie Ihre gesammelte Aufmerksamkeit auf die jeweiligen Körperregionen und bleiben Sie sich ihrer bewußt.

Beginnen Sie mit vorbereitenden Gehübungen.

Richten Sie während des Gehens – besser: Schreitens – Ihre Aufmerksamkeit auf Ihre Fußsohlen.

Ziehen Sie die Schuhe aus und spüren Sie den Boden. Fühlen Sie, wie gut es tut, Füße und Boden zu erleben. Ihre volle Konzentration und Ihr ganzes Bewußtsein liegt in den Fußsohlen und in der Bodenberührung.

Die Hände haben Sie auf dem Po ineinandergelegt.

So schreiten Sie durch den Raum. Dann setzen Sie sich in den Fersen- oder Schneidersitz und meditieren. Ihr Kind macht mit? Entweder Sie konzentrieren sich auf eine Zahl oder einen Gegenstand. Besonders geeignet ist Licht, zum Beispiel eine Kerze. Oder Sie meditieren zur Musik.

Besonders bewährt haben sich folgende Schallplatten:

Paul Horn: Inside
Eberhard Schoener: Meditation
Deuter: Silence is the answer
J. S. Bach: Sechs Partiten
G. Zamfir: Pan-Flute
Mike Oldfield: Tubular Bells
M. Ravel: Bolero

Der Meditationsvorgang ist immer der gleiche: Sie konzentrieren Ihr Bewußtsein total auf diesen Gegenstand.

Sie können auch folgende Entspannungs-Texte nach Lutz Schwäbisch/ Martin Siems: Selbsterfahrung durch Meditation (Rowohlt Verlag, Reinbek 1976, 24,– DM) auf eine Kassette sprechen und beim Abspielen meditieren.

Ich spanne alle Muskeln meines Körpers zur gleichen Zeit an.
So fest, wie ich nur kann.
Fester.
Noch fester.

Und nun lasse ich alle meine Muskeln los.
Ich sitze aufrecht, habe meine Augen geschlossen und fühle die Entspan-
nung und Schwere in allen meinen Muskeln. Ich werde innerlich ganz ge-
sammelt und ganz ruhig. Ich lege alle Gedanken ab und vergesse alles, was
vorher war. Nur dieser Moment ist wichtig.
Ich spüre meinen Körper, und ich fühle, wie mein Atem in diesem Moment
ein- und ausfließt.
Meine Gedanken werden immer gleichgültiger, und ich werde ruhig und
entspannt.
Ich fühle jetzt meinen Körper durch und versuche alle Muskeln loszulassen,
nicht festzuhalten,
ganz nachzugeben,
die Stirn,
die Augen,
der Mund,
die Zunge liegt locker im Mund,
Hals und Nacken,
Kehlkopf und Stimmlippen,
beide Schultern,
beide Arme und Hände,
Rücken,
Bauch,
Gesäß,
beide Oberschenkel,
beide Unterschenkel,
beide Füße.
Alle meine Muskeln sind jetzt locker und weich.
Ich fühle mich immer gelassener und wohliger.
Ein angenehmes Gefühl der Wohligkeit und Geborgenheit umfängt mich.
Ich lasse geschehen.
Nicht ich atme:
Es atmet mich.
Ich fühle meinen Atem ein- und ausströmen
und sage mir dabei innerlich dreimal:
Ein und aus, ruhig und entspannt,
ein und aus, ruhig und entspannt,
ein und aus, ruhig und entspannt,
im Rhythmus des Ein- und Ausatmens.
Ich atme weiter und achte auf den kleinen Wind unter meiner Nase.

Ich spüre den kleinen Wind unter meiner Nase.
Ich konzentriere mich nur auf den kleinen Wind.

Wenn Gedanken und Phantasien kommen,
dann lasse ich sie kommen und gehen.
Möge ich glücklich sein, mögen alle Wesen glücklich sein.
Möge ich glücklich sein, mögen alle Wesen glücklich sein.
Möge ich glücklich sein, mögen alle Wesen glücklich sein.
Wir werden immer leichter.
Zuerst werden die Zehen leicht und locker.
Dann werden die Füße leicht und locker,
die Beine werden leicht und locker,
die Arme werden leicht und locker,
der Bauch wird leicht und locker,
der Kopf wird leicht und locker,
wir schweben leicht, locker und weiß durch die Luft am Himmel.
Wir sind zu einer Wolke geworden und schweben leicht und locker am Himmel.

Wir werden vom Wind weggeweht über Berge und Täler,
über Sommerwiesen und sprudelnde Bäche und
kommen langsam zu unserer Stadt (Dorf).
Hier sehen wir von oben unseren Kindergarten (Schule),
die Straße, in der wir wohnen, und unser Haus.
Und weiter treibt uns der Wind, und wir schweben wieder aufs Land.
Wir sehen Felder und Wälder, Kühe und Pferde von oben
und kommen dann an einen hohen Berg und PLATSCH!
Wir stoßen gegen den Berg und regnen auf die Erde nieder.
Wir sind wieder auf der Erde, liegen auf dem Boden in diesem Raum und fühlen uns ruhig und entspannt.
Wir sind glücklich und ruhig und sprechen entspannt.
Wir öffnen die Augen und recken und strecken uns!
Wir gähnen und stöhnen, wir hampeln und trampeln.
Wir sind ruhig, entspannt und glücklich.

Autogenes Training

Das autogene Training ist eine Methode der konzentrativen Selbstentspannung, mit der es gelingt, über das Nervensystem, das nicht dem Willen unterliegt, jederzeit Ruhe und Entspannung zu erreichen und darüber hinaus Organe und Organsysteme zu beeinflussen.

Autogenes Training macht ruhig, gelassen, führt zur Harmonie und ist ein guter Weg zu körperlicher und geistiger Gesundheit.

Die Vorsatzformeln des autogenen Trainings werden für Kinder und Jugendliche in Geschichten verpackt, die ansprechend, konzentrationsfördernd, angstabbauend und entspannend sind.

Diese Formeln sind:

Ich bin ganz ruhig!
Mein rechter Arm wird schwer!
Mein rechter Arm ist schwer!
Mein rechter Arm wird warm!
Mein rechter Arm ist warm!
Mein Herz schlägt ruhig und gleichmäßig!
Mein Atem geht ruhig und gleichmäßig!
Mein ganzer Bauch ist warm!
Mein ganzer Körper ist warm!
Nur meine Stirn ist angenehm kühl!

Mögliche Zusatzformeln für sprech- und sprachgestörte Kinder:

Mein Hals ist ganz ruhig, warm und entspannt!
Mein Atem geht ruhig und tief, jetzt und immer!
Meine Sprache ist ganz ruhig, entspannt und gut!
Mein Mund sagt, was ich fühle und denke!

Viele Kinder sagen nach dem Vorlesen oder Erzählen einer Autogenen-Training-Geschichte (falls sie nicht schon während des Vorlesens friedlich eingeschlafen sind!), daß sie sich kuschelig, mollig warm, ruhig und leicht fühlen. Durch diese Geschichten aktivieren Sie die Selbstheilungskräfte Ihres Kindes und zeigen ihm einen Weg des Selbst-Erlebens und Selbst-Findens.

Es ist wichtig, nach einer Phase der Entspannung, Formeln zum guten und richtigen Sprechen und Atmen einzuschieben. Sehr zu empfehlen sind die Bücher von Gisela Eberlein und Else Müller zum Thema: Autogenes Training für Kinder und Jugendliche mit Phantasie- und Märchengeschichten. (Gisela Eberlein: Autogenes Training für Kinder mit Märchen, Verlag Bastei-Lübbe, Bergisch-Gladbach, DM 4,80; Else Müller: Du spürst unter deinen Füßen das Gras, Fischer Verlag, Frankfurt 1985, DM 7,80). Hier nun drei Geschichten, die speziell für sprach- und sprechgestörte Kinder und Jugendliche geschrieben wurden:

Meine schöne Reise zu den wunderschönen Hexen!

Heute morgen wachte ich auf und war sehr aufgeregt! Ich hatte geträumt, heute würde mir etwas Wunderbares passieren: Eine schöne Reise zu den wunderschönen Hexen.

Ich finde Hexen gar nicht häßlich und böse. Hexen sind lieb und schön!

Ich weiß es, weil ich es geträumt habe, heute nacht. Ich bin so gespannt, wann und wie meine Reise beginnt.

Erst scheint alles so zu sein wie immer! Ich stehe auf, frühstücke und gehe in die Schule. Dann ist es Mittag, und noch immer ist nichts geschehen, es wird Nachmittag, und langsam wird es dunkel. Ich gehe ins Bett. Hier liege ich nun und spüre plötzlich, wie eine kleine Hexe auf ihrem Besenstiel durch mein Zimmer schwebt: «Nora, ich bin die Hexe Hermine Ha und sage dir: Dein rechter Arm wird schwer!» Wunderbare, wunderschöne Hexe Hermine Ha, kannst du zaubern?

Und plötzlich sitzt die kleine Hexe neben meinem rechten Ohr und flüstert: «Dein rechter Arm ist schwer und warm! Dein rechter Arm ist schwer und warm! Dein rechter Arm ist schwer und warm!»

Dann schwebt Hermine Ha leicht und sanft zu meinem linken Ohr und flüstert:

«Dein linker Arm ist schwer, ganz schwer.
Dein linker Arm ist schwer, ganz schwer.
Dein linker Arm ist schwer, ganz schwer.
Dein linker Arm ist schwer und warm, ganz schwer und warm!»

Und tatsächlich: Meine beiden Arme sind ganz schwer und warm. Ich bin begeistert über Hermine Ha und ihre Zauberkünste. Hermine Ha sitzt jetzt auf meinem Bauch, ich weiß es, ich spüre es genau: Sie hält sich etwas unterhalb meines Bauchnabels auf und ist leicht wie eine Feder.

«Schaukel mich, Nora», sagt Hermine Ha.

«Atme tief in deinen Bauch und langsam wieder aus, dann hüpfe ich ganz sanft auf und nieder.»

Ich atme langsam durch die Nase ein, ganz tief ein in den Bauch, dorthin, wo Hermine Ha sitzt, meine kleine Zauberhexe.

Ich atme ruhig und tief, langsam ein und noch langsamer aus, immer wieder.

Hermine Ha gefällt das sehr: «Nur weiter so, das macht mir Spaß», sagt Hermine leise, so leise, daß nur ich sie höre. Ich atme ruhig und tief und mein Bauch wird warm, ganz warm. Langsam rutscht Hermine Ha weiter nach unten zu meinen Füßen.

«Hast du auch elf Zehen?» fragt sie mich. «Nein, wie, elf? Hast du etwa so viele?» frage ich erstaunt. Hermina Ha muß lachen. «Nein, aber ich hätte so gerne einen Zeh mehr, daß wäre doch mal etwas Besonderes.»

«Aber du hast doch etwas Besonderes: Du kannst fliegen?» sage ich mit etwas Neid in der Stimme.

Hermine Ha fliegt daraufhin von einem Zeh zum anderen und zählt:

«Der erste Zeh ist schwer und warm, ganz warm.
Der zweite Zeh ist schwer und warm, ganz warm.
Der dritte Zeh ist schwer und warm, ganz warm.

Der vierte Zeh ist schwer und warm, ganz warm.
Der fünfte Zeh ist schwer und warm, ganz warm.
Der sechste Zeh ist schwer und warm, ganz warm.
Der siebte Zeh ist schwer und warm, ganz warm.
Der achte Zeh ist schwer und warm, ganz warm.
Der neunte Zeh ist schwer und warm, ganz warm.
Der zehnte Zeh ist schwer und warm, ganz warm.
Das ganze rechte Bein ist schwer und warm, ganz warm.
Das ganze linke Bein ist schwer und warm, ganz warm.»
Ich fühle mich wohl, bin ganz ruhig, warm und entspannt. Meine Augen fallen langsam zu, ich bin müde, ruhig und warm.

«Schlaf gut», flüstert mir Hermine Ha ins Ohr und husch – weg ist sie.
Ich bin sicher, sie kommt morgen abend wieder.

Hermine Ha und die Hexenschule

Am nächsten Abend kommt Hermine Ha wieder.
Gott sei Dank!

«Willst du mitkommen in unsere Hexenschule?» fragt sie mich, über meinem Bauchnabel schwebend.

«Ja, toll, ich bin dabei», sage ich ganz aufgeregt.

«Dann mache deine Augen zu und folge mir. Ich nehme dich mit auf meinem Besenstiel ins wunderschöne Hexenland.»

Ich fühle, wie ich schwebe. Mein Kopf ist kühl und klar, meine Gedanken sind klar, und mein ganzer Körper ist warm und leicht. So schwebe ich gemeinsam mit Hermine Ha ins Hexenland. Wir fliegen über unsere Schule, über den Supermarkt, über den Kirchturm, über Felder und Wälder. Jetzt sind wir schon den schönen, weißen Wolken sehr nahe. Plötzlich sehe ich ganz hinten am Horizont einen wunderschönen Regenbogen. «Das Tor zum Hexenland», sagt Hermine Ha stolz.

Wir fliegen hindurch, und das ganze Hexenland ist so schön wie der Regenbogen. Alles ist farbig und froh. Kleine Hexen fliegen an uns vorbei und rufen freudig: «Hermine Ha ist wieder da! Hermine Ha ist wieder da!»

Dann fliegen wir zur Hexenschule Kunterbunt. Die phantastische Oberhexe Fanny Fantasie hält heute draußen ihren Unterricht ab, und mindestens 83 kleine Hexen nehmen auf ihrem Besenstiel schwebend am Unterricht teil.

«Jetzt steigt bitte vom Besen ab und legt euch ins Gras», sagt Fanny Fantasie, «und laßt uns beginnen!»

Die 83 kleinen Hexen und ich liegen dicht nebeneinander im Gras und schließen die Augen.

«So, wir lernen heute unseren Körper kennen», sagt Fanny Fantasie mit ihrer schönen, tiefen und warmen Stimme.

«Euren Kopf kennt ihr doch alle – oder?»

Natürlich kenne ich meinen Kopf! Der ist rund und sitzt auf dem Hals.
«Und wo ist das rechte Ohr?» fragt Fanny Fantasie. O je! Das rechte
Ohr ist da, wo der Daumen links ist. Aber an welcher Hand ist der Daumen
links?

Ich blinzele mit den Augen und sehe zu Hermine Ha hinüber. Sie hält
mit der Hand, an der der Daumen links ist, ihr rechtes Ohr fest – hoffe ich
jedenfalls. Ich mache es nach und fühle mich klug und clever. Da zupft
Fanny Fantasie an mein rechtes Ohr und sagt leise, aber streng: «Hier
wird nicht gemogelt!» Ertappt, na macht nichts, jetzt weiß ich jedenfalls,
wo mein linkes Ohr ist.

Aber Fanny Fantasie fragt noch nach dem linken Ohr. Sie sagt: «Wo ist
eure Stirn?» Das weiß doch jedes Kind, denke ich ärgerlich und fasse auf
meine Stirn. Meine Stirn ist kühl und klar.

«Ihr geht jetzt mit euren Gedanken in euren rechten Arm», sagt Fanny
Fantasie. Das ist ein weiter Weg! Ich gehe langsam mit meinen Gedanken
von der Stirn zur Nase, zum Mund, zum Kinn, zum Hals, zur rechten
Schulter, und schon bin ich im rechten Arm.

«Euer rechter Arm ist schwer und warm,
warm und schwer,
schwer und warm.
Euer Herz schlägt ruhig und gleichmäßig.
Ihr seid ruhig, warm und schwer und entspannt.
Ihr atmet ruhig und gleichmäßig in den Bauch.
Euer Herz schlägt ruhig und gleichmäßig.»

Gottlob weiß ich, wo mein Herz sitzt, denn gottlob weiß ich jetzt, wo
links ist.

«Euer Herz schlägt ruhig und gleichmäßig. Ihr seid alle schön und klug,
warm und ruhig, entspannt und glücklich.

Möget ihr glücklich sein! Ihr seid warm und schwer, ruhig und entspannt und soooooooo müde, schlaft gut!»

Hermine Ha macht einen Spaziergang durch den Körper

Hermine Ha kommt am nächsten Abend wieder. Sie schwebt plötzlich
– leicht wie eine Feder – über meiner Stirn.

«Meine Stirn ist kühl und frisch», sagt sie mit ihrer leisen, aber kräftigen Stimme.

«Deine Stirn ist kühl und frisch!»

Ich freue mich sehr, daß Hermine Ha wieder da ist – sie ist so gut und
wohltuend. «Soll ich durch deine Nasenlöcher in deinen Körper schlüp-
fen?» fragt sie mich leise.

«Ich mache eine Reise durch deinen Körper und berichte dir, was ich
sehe!»

Ich finde diese Vorstellung aufregend – Hermine Ha in meinem Körper! Aber wahrscheinlich kitzelt es, besonders wenn Hermine Ha durch

die Nasenlöcher einsteigt. Aber trotzdem, ich sage «Ja!» Und kaum habe ich meine Einwilligung gegeben, ist Hermine Ha schon in meinem rechten Nasenloch verschwunden.

«Dunkel und stachelig ist es hier», höre ich ihre gedämpfte Stimme sagen. Ich spüre, wie Hermine Ha von der Nase in den Mund rutscht. «Heißa, eine schöne Rutschpartie», schreit sie aufgeregt, und dann sitzt sie auf meiner Zunge. Ich denke mir «Der spiele ich jetzt einen Streich!» und schlucke sie runter! Hermine Ha scheint das zu gefallen, sie quietscht vor Vergnügen.

Jetzt sitzt Hermine Ha in meinem Magen. Ich lege meine Hände auf meinen Magen und spüre sie und ihn. Mein Magen ist warm und hebt und senkt sich langsam mit jedem Atemzug.

«Hier ist ja mächtig was los», spüre ich Hermine Ha sagen, «aber ich fahre doch lieber tiefer in den Bauch, Achtung! Jetzt mache ich mich ganz klein und rutsche in den Darm. Jetzt sitze ich genau unter deinem Nabel, fühlst du mich?»

Ich spreize meine Hände auseinander und lege sie auf meinen Bauch in Nabelhöhe. Ja, da ist sie, meine kleine Hexe Hermine Ha. Das tut gut! Ich atme tief ein, und mein Bauch wölbt sich, und atme tief aus, und mein Bauch senkt sich.

«Dein ganzer Bauch ist ruhig und warm. Deine Beine sind ruhig und warm. Deine Füße fallen entspannt und locker auseinander.

Deine Füße, deine Beine und dein Bauch sind ruhig und warm und entspannt.»

Ich bin ganz ruhig und entspannt und ganz, ganz müde.

KAPITEL 9

Das Gefühl und die Bewegung: Psychomotorik

Psychomotorik: Ein schwieriger und doch so einfacher Begriff. Nehmen Sie ihn auseinander, und er sagt Ihnen sofort viel mehr: Psyche (= Seele) und Motorik (= Bewegung).

Psychomotorik ist all das!

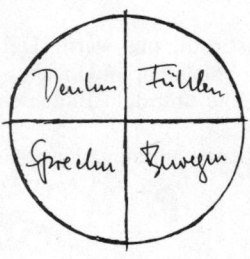

Psychomotorik ist die Gesamtheit von Denken, Fühlen, Sprechen und Bewegung. So gesehen, ist fast jedes Verhalten Psychomotorik. Wir haben Empfindungen, Gefühle wie Freude, Trauer, Angst, Überraschung, Unsicherheit, Gleichgültigkeit, Interesse, Unzufriedenheit, und wir sind so gut wie immer in Bewegung – und sei es «nur» in Gedanken.

Die Bewegung beeinflußt unser Gefühlsleben, die Psyche beeinflußt unsere Bewegung, unser Verhalten. Oftmals ist unser Verhalten von Sprache begleitet oder auch ausgelöst. Denken und Sprache/Sprechen hängen ebenfalls eng miteinander zusammen. Versuchen Sie einmal, ohne Sprache zu denken: Warum stottert mein Kind? Ohne Sprache geht es offensichtlich nicht, über diese Frage nachzudenken.

Das Denken über diese Frage ist mit Empfindungen verbunden. Fühlen Sie dabei Mitleid, Selbstmitleid, Ratlosigkeit, Hilflosigkeit oder Überforderung?

Es geht in der Psychomotorik nicht um körperliche und leistungsorientierte Ertüchtigung, sondern um die Förderung der psychisch-körperlichen Einheit.

166 **Die Fliege** Horch – eine Fliege summt durch das Zimmer! Summ-summ-summ!

Sie setzen sich in den Schneidersitz und summen: Suuuuuummmmmm, Suuuuuuummmmmmmm, Suuuuuummmmm.

Sie halten den Kopf still und verfolgen die Fliege mit Ihren Augen:

Jetzt sitzt sie an der Decke, sie summt an die rechte Wand, fliegt jetzt nach unten auf den Boden und fliegt dann an die linke Wand.

Ihre Augen kreisen mit dem Flug der Fliege, und Sie summen: Suuuuuuummmmmmmm dazu!

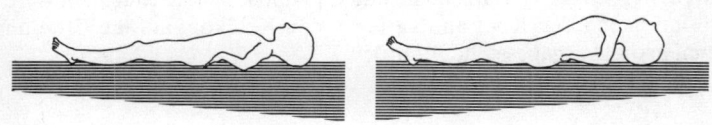

167 **Der Fisch** Zeichnen Sie mit Ihrem Kind einen Fisch (siehe S. 50: Sprechzeichnen).

Sie wollen jetzt ein Fisch werden.

Sie legen sich auf den Rücken, die Arme liegen seitlich am Körper, die Beine liegen geschlossen nebeneinander, und die Füße fallen locker auseinander. Sie sind locker und entspannt.

Jetzt werden die Hände unter das Gesäß geschoben, die Ellenbogen werden aufgestellt und tragen das Gewicht unseres Oberkörpers.

Sie legen jetzt den Kopf so weit wie möglich zurück und heben den Brustkorb an.

Sie halten diese Fisch-Stellung ca. fünf Sekunden und atmen dabei ruhig in den Bauch.

Sie kommen langsam in die Ausgangsstellung-Rückenlage zurück.

Sie wiederholen diese Übung nach Belieben, möglichst dreimal.

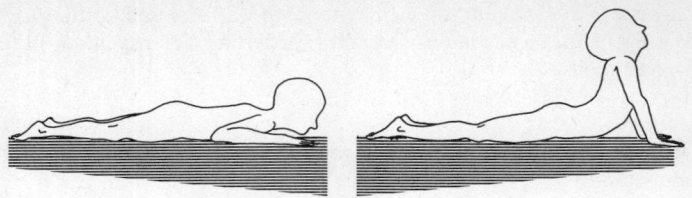

168 **Die Kobra** Wie sehen Schlangen aus, und wie sieht die Kobra aus? Wo lebt sie, und wie verhält sie sich, wenn sie sich bedroht fühlt?

Sie richtet sich auf wie diese Kobra.

Sie liegen auf dem Bauch, die Hände sind in Schulterhöhe aufgestellt.

Sie atmen in den Bauch und richten sich beim Ausatmen langsam so weit auf, daß das Becken am Boden bleibt und die Arme fast ganz gestreckt sind. Sie legen den Kopf nach hinten und atmen ruhig und entspannt in den Bauch.

169 **Die Katze** Sie beobachten Katzen und lesen über ihr Verhalten nach, wie sie sich recken und strecken, buckeln und miauen.

Jetzt werden Sie zu Katzen: Sie und Ihr Kind knien sich auf allen vieren hin und heben den Kopf an. Sie legen den Kehlkopf auf die Erde und gehen in die Ausgangsstellung zurück.

Sie machen einen Katzenbuckel – der Kopf wird dabei gesenkt.

Das rechte Knie wird an die Stirn geführt und anschließend nach hinten hoch gestreckt. Der Kopf ist dabei wieder angehoben.

Diese gleiche Übung wird dann mit dem linken Bein gemacht.

170 Das Blümchen Sie stellen eine Blume dar, die sich öffnet und schließt.

Die Ausgangsstellung ist der Schneidersitz.

Sie und Ihr Kind bilden mit beiden Händen Fäuste und halten sie in Brusthöhe gegeneinander. Die Daumen schauen heraus, sie sind nicht eingeschlossen.

Die ersten Sonnenstrahlen fallen auf die geschlossene Blume. Langsam und mit viel Konzentration werden die Fäuste geöffnet.

Die Blüte öffnet sich und reckt sich der Sonne entgegen. Die Finger beider Hände werden langsam und andächtig weit auseinandergespreizt.

Die Blüte ist voll erblüht und bleibt einige Sekunden lang geöffnet.

Dann wird es wieder Abend, die Sonne verschwindet, und langsam steigt der Mond am Himmel auf.

Die Blume schließt sich wieder ganz langsam und sanft.

171 Das Blatt Sie sind ein vom Baum gefallenes Blatt, das langsam braun und trocken wird.

Sie und Ihr Kind knien aufrecht und lassen die Arme seitlich herunterhängen.

Dann setzen Sie sich auf die Fersen und rollen Kopf und Oberkörper ein. Die Stirn berührt den Boden, und die Hände liegen seitlich der Beine mit den Händen an den Füßen.

Sie verharren einige Sekunden in dieser Stellung und vergessen die Bauchatmung nicht.

Langsam und konzentriert rollen Sie sich wieder auseinander.

172 Der Baum Sie sind ein großer, dicker alter Baum.

Schauen Sie sich mit Ihrem Kind ein Baumbestimmungsbuch an und suchen Sie sich Ihren Lieblingsbaum aus.

Sie stehen aufrecht mit ausgebreiteten Armen da. Langsam wird nun ein Bein hochgezogen, und die Fußsohle wird gegen das Knie oder den Schenkel des anderen Baumes gestellt. Langsam breitet der Baum seine Zweige aus – die Arme gehen in die Waagerechte – und von dort schließen die Arme – Äste und Zweige – sich zur Baumkrone. Die Hände werden über dem Kopf geschlossen – die Handinnenflächen liegen aneinander.

Diese Übung wird langsam und konzentriert ausgeführt und mit dem anderen Bein wiederholt.

173 **Das Buch** Sie sind Bücher, die auf- und zugeklappt werden.

Sie liegen auf dem Rücken, die Beine sind geschlossen, die Füße fallen locker auseinander, die Arme liegen nach hinten ausgestreckt auf dem Boden.

Langsam heben Sie beim Ausatmen die Arme über den Kopf und dabei auch den Oberkörper an. Sie sitzen aufrecht und beugen den Oberkörper langsam so weit nach vorne, wie es ohne größere Anstrengung möglich ist.

Der Kopf liegt auf den Knien, und die Hände berühren die Füße.

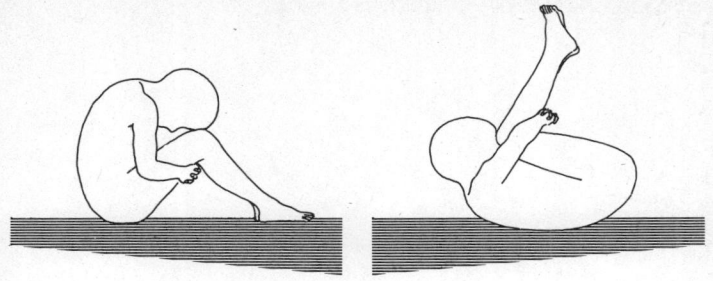

174 **Das Päckchen** Sie werden zu einem festverschnürten Paketchen bzw. Paket.

Sie sitzen mit gebeugten Knien auf dem Boden, legen den Kopf auf die Knie und umfassen sie mit den Armen.

Jetzt lassen Sie sich langsam nach hinten auf den Rücken rollen und bleiben dabei verschnürt wie ein kleines Päckchen.

Dann rollen Sie mit möglichst wenig Schwung langsam und konzentriert auf den Po. Diese Übung machen Sie mindestens achtmal.

175 **Die Puppe** Sie sind eine alte Puppe, deren Kopf vom vielen Spielen locker auf dem Puppenkörper hängt.

Sie nehmen den Fersensitz ein, und nun fällt der Kopf nach hinten und zur rechten Seite und nach unten und zur linken Seite.

Der Puppenkopf rollt langsam im Kreis – erst rechts- und dann links-herum.

Knackt es verdächtig? Wenn Sie diese Übung oft machen, werden diese Geräusche bald ausbleiben.

176 **Die Schaukel** Sie wollen eine Schaukel werden.

Sie legen sich auf den Bauch und umfassen die beiden Fesseln mit bei-den Händen. Jetzt ziehen Sie die Beine durch die Arme langsam hoch und höher und heben den Oberkörper vom Boden ab. Sie schaukeln vor und zurück, vor und zurück – mindestens dreimal.

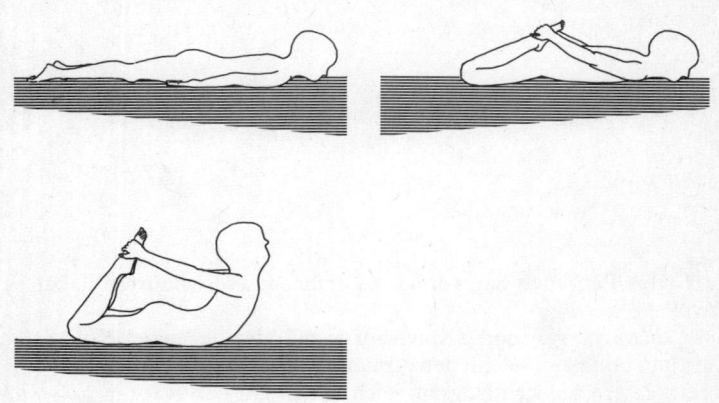

177 **Die Tierbeobachtung** Sie stehen morgens ganz früh auf, um im Wald Tiere zu beobachten.

Das ist eine Als-ob-Übung.

Sie legen sich auf den Boden, die Beine sind geschlossen und angewinkelt, die Füße stehen auf dem Boden, und die Hände liegen auf den Oberschenkeln.

Jetzt hoppelt in der Ferne ein Hase vorbei, und Sie heben langsam und konzentriert den Kopf an und gleiten langsam und konzentriert mit den Händen die Knie hinauf, bis Ihr Oberkörper sich deutlich vom Boden abgehoben hat.

Sie schauen vorsichtig über die Knie hinweg und beobachten den Hasen und die grasenden Rehe mit ihren Kitzen. Langsam gehen Sie wieder in die Ausgangsstellung zurück. Und da raschelt es schon wieder im Gestrüpp.

Welches Tier mag es diesmal sein?

178 **Die Kerze** Sie kennen diese Übung aus dem Schulsport. Diese Kerze ist etwas anders.

Sie legen sich in Rückenlage auf den Boden, die Arme liegen seitlich vom Körper mit den Handflächen nach unten. Langsam und konzentriert

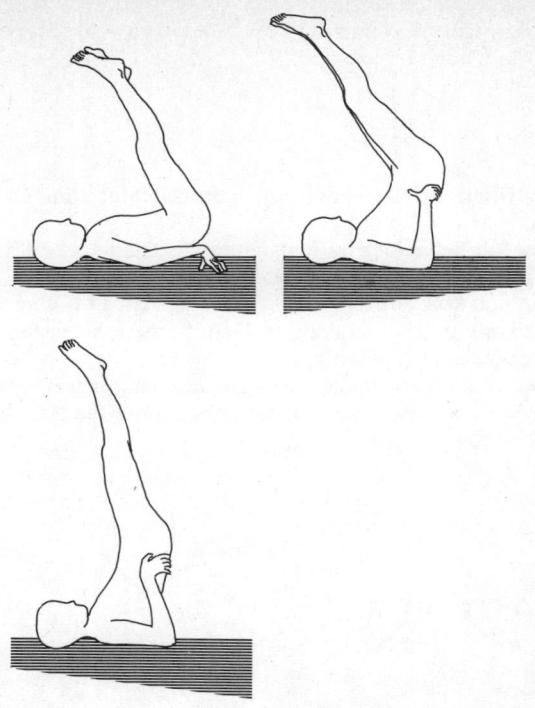

heben Sie die geschlossenen und gestreckten (aber nicht durchgestreckten) Beine beim Ausatmen hoch und stützen sie mit den Händen im Bekken ab.

Sie recken die Beine in die Luft, aber nicht mit hochgestreckten Zehen, sondern mit entspannten waagerechten Fußsohlen.

Sie atmen auch in dieser umgekehrten Stellung tief in den Bauch ein und langsam und konzentriert durch die Nase aus.

179 **Das Gewichtheben** Sie wollen es den Gewichthebern nachmachen, aber keine Hantel, sondern einen großen dicken gedachten Stein hochstemmen.

Sie sitzen im Schneidersitz und nehmen den Stein vom Boden auf und legen ihn langsam und konzentriert in Schulterhöhe auf die nach oben gedrehten Handflächen. Die Finger zeigen dabei zum Kopf.

Jetzt werden die Arme ganz langsam angehoben. Sie stemmen den Stein hoch, bis die Arme gestreckt über dem Kopf sind.

Hier oben halten Sie die Spannung etwa fünf Sekunden lang, um dann in umgekehrter Reihenfolge und gleicher Geschwindigkeit – also ganz langsam – die Übung zu beenden.

180 **Der Kirchturm** Sie werden zu einem Kirchturm mit einer gewaltigen Spitze.

Sie sitzen im Schneidersitz und falten die Hände vor der Brust und drücken die Handflächen fest gegeneinander.

Langsam und konzentriert strecken Sie die Arme bis über den Kopf – immer noch mit aneinandergelegten Handflächen. Sie sitzen dabei ganz gerade und machen kein Hohlkreuz.

Sie denken außerdem an die tiefe Bauchatmung. Der Bauch wird beim Einatmen dick und rund und beim Ausatmen durch die Nase fällt er langsam ein.

181 **Die Indianer** Sie sind Indianer und sitzen nach getaner Arbeit abends am Lagerfeuer. Sie setzen sich mit gespreizten Beinen gegenüber.

Die Hände legen Sie auf die Knie und winkeln das rechte Bein an, um dann die Fußsohle auf den linken Oberschenkel zu legen.

Ihr Kind legt nun den linken Fuß auf den rechten Oberschenkel.

Wahrscheinlich haben Sie schon Schwierigkeiten mit der halben Version des sogenannten Lotussitzes und sollten sich nicht am vollendeten Lotussitz versuchen.

Falls Ihnen der halbe Lotussitz zu schwierig erscheint, bleiben Sie im Schneidersitz sitzen, versuchen Sie aber bitte, die Knie so weit wie möglich nach unten zu bringen.

Nun kreuzen Sie die Arme vor der Brust, die Finger liegen dabei auf den Schultern. Sie stellen eine Kerze als Lagerfeuerimitation zwischen sich und konzentrieren sich ganz auf das flackernde Licht.

Teil II

Was tun, wenn es Probleme gibt

KAPITEL 10

Verzögerte Sprachentwicklung
«Ich mag Toffeln nich!»

Der siebenjährige Andreas und seine vierjährige Schwester Annette unterhalten sich über Andreas' bevorstehenden Geburtstag.

«Wünsch dir doch Playmobil, damit spiel ich so gern.»

«Dat tu ich nich, ich haben will mehr Lotomotiven für Einsenbahn», entgegnet ihr Andreas.

«Wann darf ich mit deiner Eisenbahn spielen? Morgen?»

«Du dürfen überhaupt nich meine Spielteug anfassen, sons diebts doßen Ärder!»

Spricht der siebenjährige Andreas nur «undeutlich» für sein Alter oder liegt eine Störung vor? – das fragen sich Andreas' Eltern und Lehrer täglich, wenn er sagt: «Dabel» statt «Gabel» und «Toffel» statt «Kartoffel», «Dauber» statt «Staubsauger» und «Tuche» für «Kuchen». Andreas ersetzt für ihn schwierige Laute wie S, St, Sch, Kg, K durch D und T. Außerdem verkürzt er längere Worte, bei denen er ein bis zwei Silben ausläßt. Sein Satzbau erinnert an radebrechende Ausländer.

Andreas' Mutter nimmt das auf die leichte Schulter, da sie die fortdauernde Weiterentwicklung seiner Sprechfähigkeit im Ohr hat. «Was willst du, er macht doch gute Fortschritte. Er ist halt ein bißchen zurück», sagt sie zu ihrem Mann. Andreas hatte erst mit gut zwei Jahren angefangen, Einwortsätze zu sprechen. Satzverbindungen wie «Ich möchte heute nicht in den Kindergarten, weil ich Bauchweh habe» kamen erst kurz vor der Einschulung über seine Lippen. Aber auch diese Sätze entstellt er: «Ich nich möchte in Tinderdaten, ich hab Bauchweh.»

Andreas' Vater ist beunruhigt, besonders nach einem Gespräch mit dem Lehrer, der vorsichtig angefangen hatte, von der Sonderschule zu sprechen. Andreas' schlechtes Sprechen wirke sich auch auf sein Schreiben aus.

Andreas' Vater möchte vom Lehrer wissen, ob er noch andere Besonderheiten bei seinem Sohn festgestellt habe. Der Lehrer beruhigt ihn: Andreas' Bewegungen, sein Hör- und Sehvermögen sind unauffällig; insgesamt macht Andreas einen körperlich und psychisch gesunden Eindruck.

Der Vater erinnert sich an Sprachschwierigkeiten, mit denen er als Kind und auch heute noch manchmal zu kämpfen hat. Auch deshalb hat er sich einen nicht-sprachlichen Beruf ausgesucht, er ist Klempner. Wie er sich erinnert, ging es seinem Vater, Andreas' Großvater, nicht besser: Schon ihm fielen das Lesen, Schreiben und Sprechen schwer.

Ein Schreckgemälde zieht vor ihm auf: Andreas entwickelt sich zum Schulversager, denn egal ob die Stunde Mathe, Sachkunde oder Sport heißt, immer werden die grundlegenden Fähigkeiten des Sprechens, Schreibens und Lesens verlangt. Und auch in Musik gelingt es ihm ja nicht, einen einfachen Rhythmus nachzuschlagen. Die Eltern sind ratlos. «Ach was, wir gehen zu Dr. Silcher, der ist schließlich Kinderarzt», entscheidet die Mutter.

In der Praxis berichten Andreas' Eltern. «Unser Sohn spricht nicht gut, und dadurch hat er Probleme in der Schule. Was kann man da nur machen?»

Dr. Silcher läßt sich die sprachlichen Auffälligkeiten erläutern, die die Eltern und der Lehrer beobachtet haben, und meint dann: «Seine Sprachentwicklung scheint verzögert zu sein.»

Um sich ein Bild zu machen, versucht er, mit Andreas ins Gespräch zu kommen. Aber weder das Stethoskop, das Blutdruckmeßgerät noch die Bonbons veranlassen Andreas, mehr als mit «Ja» oder «Will nich» zu reagieren.

Dr. Silcher empfiehlt den Eltern, Andreas zu Hause erzählen zu lassen, das auf Tonband aufzunehmen und in einer Woche mit Andreas, seinen Schulheften und dem Tonband wieder vorbeizuschauen.

Am nächsten Mittwoch sind alle wieder im Sprechzimmer des Kinderarztes versammelt. Dr. Silcher hört das Tonband ab, studiert die Hefte und meint schließlich: «Meine Vermutung vom letztenmal scheint sich zu erhärten. Ich muß Ihnen jetzt viele Fragen stellen.»

Er fragt nach der Schwangerschaft, dem Geburtsverlauf, ob Andreas' Sehen und Hören beeinträchtigt sind, ob die Sprechorgane wie Zunge, Mund, Gaumen, Rachen und Kiefer irgendwann einmal erkrankt waren.

«Alles scheint in Ordnung zu sein», faßt der Arzt zusammen und notiert sich eifrig die Aussagen der Eltern.

«Toll, was Sie noch alles wissen», lobt er Frau Weber, da er ihre Abneigung spürt, Andreas' Sprache zu wichtig zu nehmen. Anschließend untersucht er Andreas' körperliche Reife und seine Sinnesorgane.

«Alles ist normal, nur die Sprachentwicklung ist doch recht stark verzögert. Das passiert häufig bei sonst unauffälligen Kindern.

Normalerweise beginnt ein Kind zwischen dem 12. und 18. Lebensmonat zu sprechen. Andreas fing erst sehr viel später an, wie ich Ihren Antworten entnehmen konnte.

Bleibt die Sprache völlig aus, wird das Alalie genannt. Aber das ist gottlob bei Ihrem Sohn nicht eingetreten.

Setzt das Sprechen erst spät ein, bedeutet das noch lange nicht, daß sich dann auch die weitere Entwicklung verzögert.

Leider begann Andreas nicht nur spät zu sprechen. Die verzögerte Sprachentwicklung ist Ausdruck einer Grundstörung oder einer Beeinträchtigung, die von außen kommt. Ein einheitliches Bild gibt es nicht. Anzeichen der verzögerten Sprachentwicklung sind das *Stammeln*, das ist das Weglassen oder Ersetzen eines Lautes, wie Andreas es macht, wenn er statt Kaugummi *Daudummi* sagt.

Zweitens gehört zur verzögerten Sprachentwicklung der Dysgrammatismus: die Kinder bauen etwas kuriose Sätze. Auch das macht Andreas.

Hinzu kommt, daß der aktive und der passive Wortschatz recht klein sind. All diese Anzeichen weist Andreas auf.

Was können die Ursachen sein?

Bei vielen Kindern mit einer verzögerten Sprachentwicklung ist das Gehör beeinträchtigt. Die Kinder achten dann wenig auf Musik, Sprache und Geräusche. Sie lernen nicht, zwischen Klängen zu unterscheiden, wenn sie gleichzeitig auftreten. Schließlich zeigen sie eine sogenannte phonematische Differenzierungsschwäche, das heißt, sie sind unfähig, zwischen ähnlichen Lauten zu unterscheiden. Zum Beispiel zwischen Kanne und Tanne. Diese Schwäche hat Andreas nicht, außer daß er kein Gefühl für Rhythmus und Musik zeigt.»

«Wie kommt es zu dieser verzögerten Sprachentwicklung?» fragt Jürgen gespannt.

«Es gibt viele verschiedene Ursachen. Es kann – wie gesagt – an einer Seh- und Hörstörung liegen, an einer zweisprachigen Erziehung oder an häuslichen Faktoren, wenn Eltern ihre Kinder zuviel oder zuwenig behüten oder wenn zu Hause ständig Streit herrscht. Aber das scheint bei Ihnen nicht die Ursache zu sein. Da Sie, Herr Weber, mir von Ihren Schwierigkeiten und denen Ihres Vaters und Großvaters berichtet haben, tippe ich bei Ihrem Sohn auf ‹Vererbung›.

Eventuell reift Andreas' Sprachzentrum langsamer als bei anderen Kindern.»

«O Gott, das hört sich ja furchtbar an», meint Frau Weber nervös.

«Ist es aber gar nicht», beruhigt sie Dr. Silcher.

«Das hat er von dir», kann sich Frau Weber nicht verkneifen.

«Nein, es ist wirklich nichts Schlimmes und auch nichts Besonderes. Das kommt in den besten Familien vor. Aber es ist allmählich ‹höchste Eisenbahn› für Fördermaßnahmen. Ich gebe Ihnen ein Rezept für 40 Sprachtherapiestunden. Damit gehen Sie bitte zu einer Sprachtherapeutin. Falls Sie keine in Ihrer Wohngegend kennen, schauen Sie bitte in die ‹Gelben Seiten› der Post. Aber diese Therapie zweimal wöchentlich wird nicht ausreichen. Hier gebe ich Ihnen ein Papier mit Vorschlägen, wie Sie Ihr Kind zu Hause fördern können. Nach den 40 Therapiestunden stellen Sie bitte Ihren Sohn wieder bei mir vor.»

Webers befolgen den Rat des Kinderarztes, und nach 40 Sitzungen hat sich Andreas' Sprech- und Schriftsprache schon deutlich verbessert. Aber er benötigt nochmals ein Rezept mit weiteren Therapiestunden, und endlich ist nach vielen Monaten der intensiven Förderung durch die Sprachtherapeutin und die Eltern ein deutlicher Erfolg sichtbar.

Elternsprechstunde

Wenn Ihr Kind älter als drei Jahre ist und für jeden wahrnehmbar im Vergleich zu anderen gleichaltrigen Kindern schlecht spricht, finden Sie zuerst heraus, worin dieses schlechte Sprechen besteht.

- Hat Ihr Kind spät zu sprechen begonnen?
- Bildet es Laute falsch? (Und wenn ja, welche Laute werden falsch gebildet, durch andere ersetzt oder weggelassen?)
- Macht es Satzbaufehler? (Die Wörter stehen nicht am richtigen Platz im Satz: «Ich haben will mehr Daft jetzt.»)
- Erfaßt Ihr ansonsten aufgewecktes Kind den Sinn zahlreicher Worte und den Inhalt mancher Sätze nicht?
- Hat es Schwierigkeiten bei Haupt-, Zeit- und Eigenschaftswörtern und Mehrzahlbildung?

Sollten Sie etwas davon bei Ihrem Kind beobachten, wenden Sie sich an einen Sprachtherapeuten, da so etwas in der Regel nicht von selbst auswächst.

Möglicherweise reichen ein bis zwei Beratungsgespräche bei dem Sprachtherapeuten aus, der Ihnen wichtige Anregungen geben kann, wie Sie Ihr Kind zu Hause fördern können.

Ist die Störung so gravierend wie bei Andreas, reicht Beratung nicht aus. In seinem Alter ist eine intensive Sprachtherapie unerläßlich.

Wenn Sie Ihr Kind in seiner Sprachentwicklung unterstützen wollen, versuchen Sie als erstes die Ursache abzuklären. Stellen Sie sich folgende Fragen. Ziehen Sie gegebenenfalls Fachleute zu Rate, um sie beantworten zu können.

Waren Schwangerschaft/Geburt von negativen Umständen begleitet?
Hört mein Kind richtig?
Sieht mein Kind richtig?
Wie war die Sprachentwicklung von nahen Blutsverwandten?
Wie bewegt sich mein Kind?
Gibt es Auffälligkeiten bei Mund, Gaumen, Zunge, Rachen, Nase, Kiefer, Zähnen?

Rede ich oft und gerne mit meinem Kind, oder bin ich eher mundfaul?

Bei einem Kind mit Störungen im Hör- und Sehvermögen schauen Sie sich bitte das Kapitel über die Förderung der Wahrnehmung an, bei einer in der Familie liegenden Sprachschwäche empfehle ich die Übungen und Spiele zur rhythmisch-musikalischen Erziehung: das Sprechzeichnen (s. S. 50), Musikmalen (s. S. 54) sowie Sprachförderung durch Kommunikationsförderung (s. S. 132).

- Bei einem nervösen, unruhigen und ungeschickten Kind nehmen Sie die Übungen und Spiele zur Atmung und Entspannung (s. S. 61), das Sprechzeichnen (s. S. 50), das Musikmalen (s. S. 54).
- Bei Schwierigkeiten mit den Sprachorganen sind die Spiele zur Sprechgymnastik angezeigt (s. S. 18).

KAPITEL 11

Stammeln
Susi, sag mal «süße Sahne»!

Wenn Susanne sagt: «Ich möchte gerne süße Sahne essen», finden das
Mami und Papi, Opa und Oma so richtig herzig. Immer wieder verlangt
die Verwandtschaft: «Susi, sag mal ‹süße Sahne›!» Susi lispelt dabei so
niedlich; bei jedem «s» kommt ihre kleine rote Zungenspitze zwischen
den Zähnen hervorgeschossen.

Susanne Sommer aus Sulingen wird eingeschult und beginnt ihre Schulzeit ohne Probleme. «Lispeln ist doch süß», sagen ihre Eltern, als sie von
der Lehrerin darauf angesprochen und auf mögliche Schwierigkeiten in
Susis weiterem Leben hingewiesen werden.

«Flitze Feuerzahn lispelt schließlich auch. Die Fernsehsprecherin – wie
heißt sie doch gleich? –, die immer im Ersten Programm die Nachrichten-
sendungen moderiert, die lispelt ganz besonders stark. Unser Pastor lispelt sogar. Wir kennen viele Leute, die das ‹s› so zischen. Und aus allen ist
was geworden! Letztes Jahr in Spanien haben wir gemerkt, daß die Spa-
nier zu Barcelona Bar*the*lona sagen, so richtig gelispelt. Ist doch albern,
hier ist es falsch, in Spanien und England ist es richtig. Da sieht man mal
wieder, wie relativ alles ist.»

Und Susi sagt siebzehn Jahre lang ihr süßes drolliges «s».

Dann kommt ein junger Mann daher und findet Susi Sommers «s» gar
nicht mehr so komisch. «Es hat so etwas Dümmliches», findet Sven,
«wenn du Thven sagst. Um deinen Sprachfehler hätten sich deine Eltern
beizeiten kümmern können. Kannst du nichts dagegen unternehmen, Susanne?»

Susi ist ratlos. Kein Mensch hat ihr bisher gesagt, daß sie einen Sprachfehler hat, und dann kommt die erste große Liebe und meckert.

«Wer lispelt, ist dumm. Das denken zumindest die Leute. Genauso wie
Tante Emma und Onkel Fritz meinen, wer eine Brille trägt, ist klug»,
bemerkt Sven.

Susanne wird achtzehn, hat ihr Abitur gemacht und muß sich einen
Beruf wählen. Susi geht zu einer Beratung ins Arbeitsamt.

«Ich möchte nicht an der Uni studieren, sondern lieber eine praxisbezogene Ausbildung machen», fragt Susanne die Dame vom Arbeitsamt.

«Da hab ich Ihnen viel anzubieten», meint diese, «Designerin, Stewardess, Bibliothekarin, Logopädin.»

«Logopädin klingt gut. Das wäre doch was für mich.» Susanne ist gleich Feuer und Flamme.

«Die Fachschule für Logopädie ist am Ort, und nach der Ausbildung kann ich mit Kindern, Behinderten und Kranken arbeiten.»

Bei der nächsten Gelegenheit, die sich ihr bietet, geht Susi bei der Fachschule vorbei, um sich Bewerbungsunterlagen zu holen. Als sie nach den Formularen fragt, schaut die Dame in der Anmeldung sie groß an: «Wenn Sie hier aufgenommen werden wollen, müssen Sie aber Ihr Lispeln loswerden.» Erschrocken packt Susi ihre Papiere ein. Sie weiß aber nicht so recht, an wen sie sich mit ihrem Problem wenden soll.

«Na, am besten an eine Logopädin», sagt ihre Freundin Beate etwas vorwurfsvoll.

«Aber wie finde ich eine Logopädin?»

«Frag doch deinen Klassenkameraden Alexander, dessen Vater ist Lehrer an einer Sonderschule. Vielleicht weiß der, was zu tun ist.»

Beim nächsten Discobesuch trifft Susanne ihren Mitschüler Alexander Busche und erzählt – nach einem Glas Bier – von ihrem Problem.

«Alles kein Problem: 699856. Ruf meinen Alten an, der ist Sonderschullehrer an einer Schule für Sprachbehinderte und therapiert auch. Am besten, du rufst zwischen 18 und 19 Uhr an.»

Erst einige Tage später faßt sich Susi ein Herz. Herr Busche senior ist schon informiert und erklärt Susanne, was sie zu unternehmen habe.

«Zuerst gehst du zum Arzt, am besten zu einem Hals-Nasen-Ohrenarzt. Der verschreibt dir mehrere Therapiestunden, und dann kommst du zu mir. Ich muß das Rezept bei deiner Krankenkasse einreichen, die diese Dyslalie-Behandlung genehmigen muß. Das ist bei einer Sprachtherapie anders als etwa, wenn ein Arzt eine Massage verordnet. Ich rufe dich an, sobald ich die Bewilligung der Kasse vorliegen habe. Einverstanden?»

«Gut. Aber was ist eine Dyslalie? Ich denke, ich lispele.»

«Lispeln ist eine Form der Dyslalie, auch Stammeln genannt. Lispeln ist das Stammeln der s-Laute. Das kommt besonders häufig vor. Stammeln ist eine Störung der Aussprache. Einzelne Laute oder Lautverbindungen fehlen entweder völlig, werden durch andere ersetzt oder falsch gebildet, so wie du den s-Laut falsch bildest. Diese Fehler sind bis zum Ende des fünften Lebensjahres noch als entwicklungsbedingt anzusehen, aber über dieses Alter bist du ja schon lange hinaus.»

Aufgeschreckt fragt Suse nach: «Hätten meine Eltern nach meiner Kindergartenzeit etwas unternehmen müssen?»

«Ja, am besten im letzten Jahr vor dem Schulbeginn. Das ist eine günstige Zeit für die Stammel-Therapie.»

«Und bei Ihnen in der Sonderschule sitzen ganz viele Lispeler? Nur gut, daß ich dort nicht gelandet bin.»

Herr Busche muß lachen: «Wenn jemand nur lispelt, kommt er nicht in die Sonderschule für Sprachbehinderte. Da müssen schon andere Sprach- und Sprechauffälligkeiten hinzukommen. Wenn es dich als angehende Logopädin interessiert, erzähle ich dir gerne noch mehr über das Stammeln.»

«Ja, ich kann ja bei Ihnen schon mit der Ausbildung anfangen.»

«Ein oder mehrere Laute können fehlen oder falsch gebildet werden. Die Laute, die an deren Stelle treten, werden nach bestimmten Regeln gewählt. Spät gelernte Laute, wie z. B. k, r, s oder ch, werden durch frühere Laute ersetzt, z. B. durch p, b, t, m, d. Es werden übrigens meistens Konsonanten gestammelt, Vokale nur von Schwerhörigen oder geistig Behinderten.»

«Was ich schon seit längerer Zeit fragen wollte: Warum stammele ich?»

«Deine Zähne stehen nicht vor und haben keine Lücken – das ist sonst eine beliebte Ursache. Auch erbliche Faktoren kommen wohl nicht in Frage, so ein bißchen kenne ich ja deine Familie. Wie ist es denn mit dem Hören?»

«Ich höre sehr gut. Absolut keine Probleme damit.»

«Also ich glaube schon, dein Stammeln ist eine schlechte Angewohnheit.»

«Und werde ich dieses Lispeln, nein Stammeln, wieder los?»

«In deinem Fall sehe ich da keine großen Probleme. In einigen Monaten kannst du unbesorgt bei deiner Fachschule vorsprechen oder dich sogar beim Fernsehen bewerben.»

«Nein, danke, kein Interesse. Aber das mit der Logopäden-Ausbildung werde ich auf jeden Fall versuchen.»

Elternsprechstunde Stammeln

Was mache ich, wenn mein Kind stammelt? Wie fördere ich mein stammelndes Kind?

Kritisieren und fördern Sie Ihr Kind in seiner Wortwahl oder in seiner Satzkonstruktion nicht. Das ist die wichtigste Haltung, die Sie Ihrem stammelnden Kind gegenüber einnehmen sollten.

Loben Sie Ihr Kind, verbessern Sie Ihr Kind ruhig, indem Sie das falsch gesprochene Wort beiläufig wiederholen, z. B.: «Ich habe doßen Turm gebaut.» – «Du hast einen schönen großen Turm gebaut, prima!»

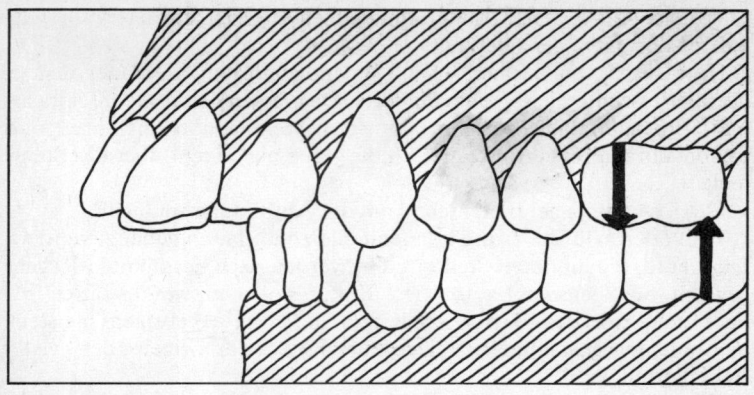

Stammeln der S-Laute (Lispeln)

Ein Kind spricht die Buchstaben s, sch, z, x falsch, wenn sie in der Aussprache zu Zischlauten werden. Stehen Zähne oder Kiefer falsch, so kann diese Ursache des Lispelns nur ein Kieferorthopäde beheben. Hört das Kind schlecht, suchen Sie den Hals-, Nasen-, Ohrenarzt auf, bei psychischen Faktoren den Kinderpsychologen oder Sonderpädagogen.

Sie können Ihr Kind auch zu Hause fördern, sei es mit oder ohne begleitende Sprachtherapie. Zu Beginn lockern Sie bitte zuerst die Organe Ihres Kindes durch Atem-, Mund- und Zungenübungen (s. S. 18), die es zum Sprechen braucht. Daran können Sie einige Hörübungen (s. S. 47) anschließen und eventuell noch einige Fingerspiele (s. S. 26).

182 **Bienen** Sie ahmen mit Ihrem Kind das Summen der Biene nach.

Die Biene fliegt zu ihrem Bienenschwarm – das Summen wird immer lauter und intensiver.

Anschließend summen wie eine Fliege oder wie ein Maikäfer. Leiten Sie Ihr Kind bei der nächsten Gelegenheit an, zwischen den verschiedenen Summgeräuschen zu unterscheiden.

183 **Sommer** Es ist ein heißer, schwüler Sommertag.

Sie schwitzen stark und versuchen, sich Erleichterung zu verschaffen. Ein Ventilator muß her.

Der Ventilator wird gefunden, angestellt und Sssssssssss ganz mächtig.

Der Ventilator wird verstellt, Stufe 1, Stufe 2, Stufe 3, das Brummen und Summen wird immer stärker.

184 **Schule** Sie spielen Schule. In der Schule ist es manchmal laut und der Lehrer möchte, daß die Kinder wieder zur Ruhe kommen. Er stimmt ein leises «PsssssT» an, in das die Kinder einfallen.

185 **Stolperverse** «Susi, sag mal süße Sahne!»
Sieben Schwaben saßen seit sieben Stunden satt und selig.
Sachsen seitlich der Seine.
«Sieh», sagt Simon Sauer zu seiner Schwester Simone Sauer, «seit Samstag sucht Susanne Säuberlich siebenundsechzig Sandmännchen.»
Hundert Schlittenhunde ziehen hundert Hundeschlitten.
Zwischen zwei Zwiebeln zischen zwei Schlangen.

186 **Alle Schokoladen sind süß!** In Abwandlung des Spiels «Alle Vögel fliegen hoch» spielen Sie «Was ist alles süß!»
Sie trommeln mit dem Zeigefinger auf den Tischrand, und einer sagt: «Schokolade ist sü...»
«Süß» sagt der andere, und die Hände fliegen hoch in die Luft.

«Bonbons sind...»	«Süße.»
«Pudding ist...»	«Süße.»
«Mareile ist...»	
«Sauerkirschsaft ist...» «Sauer.»	(Die Hände fallen auf die Oberschenkel)

Variante:

«Was ist weiß»	(schwarz),
«Was ist heiß»	(kalt),
«Was ist flüssig»	(fest).

187 **Siebe noch und noch** Betrachten Sie mit Ihrem Kind verschiedene Siebarten, z. B. Mehlsieb, Haushaltssieb, Teesieb.
Sprechen Sie mit Ihrem Kind über die Funktionen jedes Siebs und dichten Sie zu jedem Sieb einen kleinen Vers (oder lassen Sie sich einen Satz einfallen), z. B.:
Sieben Sandmännchen sieben sieben Wochentage.
Sieben Säcke Sand durch ihr Sandsieb.

188 **Lieder** Singen Sie das Lied «Summ summ summ, Bienchen summ herum» oder «Weißt du, wieviel Sternlein stehen?»

189 **Kreisgeflüster** Die ganze Familie nimmt an diesem Spiel teil und setzt sich in den Kreis.

Sie flüstern Ihrem Kind Sätze wie «Die Liese sitzt schwitzend auf der Wiese»,

«Die Sau singt samstags Schlager,
das macht mich mager!»

190 **Geister-Spiel** Spielen Sie mit Ihrem Kind Geist. Ein altes weißes Bettuch mit zwei Sehschlitzen über den Kopf gezogen und schon sind Sie zu Geistern geworden. «Hu, huh, ich bin ein Geist, und heiße...»

191 **SchaScheSchiSchoSchu** Sie erzählen sich die Geschichte einer Weltreise. Sie benutzen auf dieser Reise folgende Fortbewegungsmittel:

das Auto SchaSche,
das Unterseeboot SchaScheSchi,
das Raumschiff, das SchaSche-SchiScho,
und das Luftschiff, das SchaSche-SchiSchoSchu.
Gute Reise!

192 **Stefans Stiefel stapfen stark!** Immer wenn Stefan mit seinen großen, schweren Stiefeln durch das Treppenhaus läuft, rufen alle Hausbewohner: Stefans Stiefel stapfen stark!

193 **Stolperverse** «Stripp, strapp, stroll, ist der Eimer noch nicht voll?»

«Der Stier läuft über Stock und Stein, bald wird das Bein gebrochen sein!»

194 **Sterne** Sie unterhalten sich über Sterne.

Welche gibt es: Sternenhimmel, Sternschnuppen, Abendstern, Morgenstern, Weihnachtsstern, Sternbilder.

195 **Eia popeia, was raschelt im Stroh?** 's Kätzchen ist gestorben;
das Mäuschen ist froh.

196 **Rumpelstilzchen** Erzählen Sie Ihrem Kind das Märchen vom
«Rumpelstilzchen» und tanzen Sie mit ihm zu dem Vers
«Ach wie gut, daß niemand weiß, daß ich Rumpelstilzchen heiß.»

197 **Stolperverse** Oma strickt schnell schöne Strickstrümpfe,
Strickstrümpfe.
Sticken und Stricken sind zwei verschiedene Sachen, die viel Freude
machen.
Der Strumpf ist bunt, bunt wie ein Hund, ein kunterbunter Hund mit
Strumpf.

198 **Struwwelpeter** Lesen Sie Ihrem Kind die Geschichte vom «Struwwelpeter» vor. Üben Sie mit Ihrem Kind – je nach Alter – einige Verse so
lange, bis es sie auswendig kann.

199 **Schlange** Die Schla-Schle-Schli-Schlo-Schlu-Schlange,
die macht mir angst und bange.
Der Schla-Schle-Schli-Schlo-Schlu-Schlauch,
der spritzt das Wasser auch.

200 **Schlaf, Kindchen, schlaf**
Schlaf, Kindchen, schlaf,
dein Vater hüt' die Schaf',
dein' Mutter schüttel's Bäumelein,
da fällt herab ein Träumelein.
Schlaf, Kindchen, schlaf!

Stammeln der R-Laute

Es gibt zwei R-Laute. Das eine «r» wird im Bereich der Zähne mit Hilfe
der Zunge gebildet, das andere «R» hinten im Gaumen / Rachen. Beide
sind sogenannte Zitter- oder Schwinglaute.

Das «r» ist das Zungenspitzen-r, das «R» das Zäpfchen-R.

Sicher kennen Sie aus manchen Dialekten das rollende Zungenspitzen-r. In anderen Gegenden ist das rollende r selten und wird ebenso belächelt wie das «St» der Niedersachsen, bei denen das «St» nicht zum «Sch» wird.

Das markant klingende «dramatische» r wird besonders häufig in Süddeutschland, Österreich und der deutschsprachigen Schweiz gesprochen.

Das Zäpfchen-R entsteht durch das Vibrieren des Zäpfchens und hat sich seit dem 17. Jahrhundert aus Frankreich kommend besonders in Mittel- und Norddeutschland ausgebreitet.

Welches r/R Sie mit Ihrem Kind üben, liegt also mehr oder weniger an Ihrem Wohnort.

Folgende Übungen und Spiele sind dabei hilfreich.

201 Kerze Zünden Sie eine Kerze an, und lassen Sie Ihr Kind den R-Laut gegen die Flamme sprechen. Dadurch werden ihm die entstehenden Schwingungen verdeutlicht.

202 Raben Verwandeln Sie sich in Raben, und sprechen Sie die Rabensprache. «Rab, rab?» «Rarararab!» «Ra.»
Was könnte das heißen?

203 Nachsprechvers Ringel, Rangel, Reihen, wir sind der Kinder dreien. Ein Nachsprechvers mit Variationsmöglichkeiten.

204 Lied
Ri-Ra-Rutsch, wir fahren mit der Kutsch.
In der Kutsche fahren wir.
Auf dem Esel reiten wir.
Ri-Ra-Rutsch, wir fahren mit der Kutsch.

205 Vers
Morgen, morgen, nur nicht heute,
sagen alle faulen Leute.

206 Gloria, Viktoria, widdewittewitt jucheiraßa!
Besonders auf das r-R achten!

208 Stolperverse

Rita ruft Ruth.
Ruth radelt mit Rudi Ratlos.
Rudi Ratlos und Roberta Rosine robben durchs Riesengebirge.
Roberta reist nach Rußland.
nach
Rußland rollern Roby und Ronnie.
Roby und Ronnie...

209 Ramona

Ramona reist mit Radio. Was hört Ramona im Rathaus von Rotenburg?
Werbung! «R-Ra-Ra-Ra-Rachengold!»

Stammeln von G und K

G und K sind sogenannte Explosionslaute und werden spät gelernt. Gelingt das nicht, wird G durch D ersetzt («Guten Tag» wird zu «Duten Tad».), K durch T ersetzt («Karin kocht Kaffee» wird zu «Tarin tocht Taffee»).

Manchmal ersetzen Kinder G und K auch durch das CH aus «ACH». Das «CH» in «ACH» ist ein anderes als das «CH» in «ICH». Sprechen Sie bitte beide Worte laut, dann merken Sie den Unterschied.

Stammelt Ihr Kind G/K, eignen sich die Hörübungen aus Kapitel 5 zum hilfreichen Spielen. Ihr Kind muß die Laute unterscheiden lernen, um dann den richtigen Laut an der richtigen Stelle anzuwenden. Dazu sind die folgenden Spielideen gedacht. Zunächst mal zum Buchstaben G.

210 Hühnerhof: Wir sind aufgeregte Hennen auf dem Hühnerhof und gackern «Gagagsgagagagak!» Dazu flattern wir hin und her und picken Körner von der Erde.

211 Truthahn: Diesmal sind wir ein Truthahn und rufen «Gullegulle!»

212 Gustav und Gertrud

Gustav und Gertrud spielen «Ich sehe was, was du nicht siehst, und das fängt mit G an.»

213 **Gerda und Gerhard**
Gerda und Gerhard essen Gugelhupf und Götterspeise. Gerda will Gerhard davon überzeugen, daß Gugelhupf viel besser schmeckt als Götterspeise, und Gerhard will Gerda davon überzeugen, daß Götterspeise einfach himmlisch ist.

214 **Gummibärchen** Wir kaufen uns eine Tüte mit Gummibärchen und geben, nachdem wir die Bärchen nach Farben sortiert haben, jedem Gummibärchen einen Namen, der mit G anfängt. Gisela Gerke gießt gerne Geranien.

215 **Gummi und Gold** Wir tragen alle Dinge zusammen, die aus Gold oder Gummi sind, und benennen sie.

216 **Gustav-Gans-Geschichten** Erzählen Sie sich gegenseitig Geschichten von Gustav Gans. Z. B.: Gustav Gans geht gerne Gassi mit Gans Gudrun. Dabei geraten sie ganz oft an gräßliche Gänse, die Gans Gudrun gerne ärgern. Aber Gustav Gans und Gans Gudrun genießen trotzdem ganz lange Spaziergänge. Auf einem ihrer ganz gemütlichen Gassi-Gänge passierte die gruselige Geschichte...

217 **Günther Gümnich** Der Gangster Günther Gümnich ist gestern ganz geschickt aus dem Gefängnis ausgebrochen. Wie hat *G*angster *G*ünther *G*ümnich das angestellt?

Und nun folgen die K-Geschichten

218 **Kirmes – Das Karussell ist kaputt** Wir stellen uns vor, wir sind auf der Kirmes, und das Karussell geht kaputt. Was kann da alles Komisches und Schreckliches passieren!

219 **Lied** Kuckuck, Kuckuck ruft's aus dem Wald.
Lasset uns singen, tanzen und springen!

Frühling, Frühling wird es nun bald.
Kuckuck, Kuckuck läßt nicht sein Schrei'n.
Kommt in die Felder, Wiesen und Wälder!
Frühling, Frühling, stelle dich ein!

220 **Karl Komisch und sein Kater Karlo** Der Kanarienvogel Karlo von Karl Komisch gibt gern Küßchen. Wir rufen: «Karlo, gib Küßchen!»

221 **Kein Geld!** Wir spielen «Kein...»
Z. B. «Gibst mir einen Groschen?» «Ich habe kein Geld!»
«Spielst du mit mir?» – «Ich habe keine Zeit!»
«Kuschelst du mit mir?» – «Ich habe keine Zeit!»
«Kämmst du mir die Haare?» – «Ich habe keine Zeit!»
«Kaufst du mir das Klavier?» – «Ich habe kein Geld!»
«Kitzelst du mich?» – «Ich habe keine Lust!»
«Kommst du mit, Comics kaufen?» – «Ich habe keine Zeit und kein Geld.»

222 **Karin lernt sprechen** Sie sprechen Worte mit K vor, lassen aber den Anfangslaut K weg. Z. B. «uchen» statt «Kuchen». Ihr Kind ergänzt das Wort.

223 **Kurt und Karl kaufen Kuchen bei Kaufmann Klarwitter** Sie haben aber nicht genug Geld mit! Was machen Kurt und Karl beim Kuchenkaufen ohne Geld bei Kaufmann Klarwitter? Klauen sie etwa Kaufmann Klarwitters Kuchen? Überlegen Sie gemeinsam Lösungen des Problems!

224 **Der Kohlkopf von Bauer Kalle Kahlkopf** Bauer Kalle Kahlkopf hat viele Kohlköpfe auf seinem Feld. Die Kohlköpfe sind kahl und Bauer Kalle Kahlkopfs Kopf ist kahl. Was nun?

225 **Kater Kristian und Kätzchen Kristine** Kater Kristian und Kätzchen Kristine leben bei Familie Koch in Karlsruhe. Malt die beiden, schneidet sie aus und laßt sie viele Abenteuer erleben.

KAPITEL 12

Stottern
«Da-da-da, ein Zo-zo-zombie»

Moritz bleibt an Silben und Lauten hängen und wiederholt sie drei-, viermal. Moritz leidet an seinem Stottern und vermeidet zu reden, wann immer er kann. Dabei erinnern sich Moritz' Eltern, daß er die ersten Wörter und Sätze ebenso früh und gut sprach wie andere Jungen aus seiner Kindergruppe. Aber auch Frank, Florian, Michael und Sonja aus Moritz' Kindergartengruppe fingen dann mit ungefähr drei Jahren an zu stottern. Sie blieben an Lauten hängen – aber bei diesen vieren verschwand diese Auffälligkeit nach ein bis zwei Jahren wieder. Moritz hingegen wiederholte Laute und Silben noch häufiger.

Seine Sprechmuskulatur verkrampft sich – vorwiegend am Anfang eines Wortes – «I-i-ich möchte bi-bi-bitte ein B-b-butterbrot.» Eine andere Störung kam noch hinzu. Moritz bleibt auf einem Laut sitzen: «Das B---uch ist langweilig.»

Nach den kurzen Wiederholungen kommt es jetzt auch zu einer langen Blockierung. Zum großen Kummer seiner Eltern gestikuliert Moritz dabei jedesmal wild mit seinen Armen, verzerrt sein Gesicht, so als wolle er mit dem Körper seiner Sprache nachhelfen.

Sonja St., Moritz' Erzieherin im Kindergarten, macht gerade eine zweijährige berufsbegleitende Ausbildung zur Heilpädagogin. So hört und liest sie viel über Sprachstörungen und schlägt den Eltern vor, den nächsten Elternabend unter das Thema «Sprachauffälligkeiten in unserer Kindergruppe» zu stellen. Da Moritz nicht das einzige Kind mit einer gestörten Sprachentwicklung ist, greifen die Eltern gerne Sonjas Vorschlag auf.

Gut vorbereitet beginnt sie beim nächsten Elternabend mit ihrem Vortrag:

«Heute möchte ich Ihnen etwas über das Stottern erzählen, da Moritz und ein bißchen auch Frank darunter leiden. Aber das Thema geht alle an, da die nicht betroffenen Kinder und deren Eltern oft nicht wissen, wie sie sich zu Kindern mit Sprach- und Sprechstörungen verhalten sollen.

Moritz und Frank geht es wie ungefähr 1,5 bis zwei Prozent aller Kinder; sie behalten das auffällige Stottern, das bei 80 Prozent aller Kinder zwischen dem zweiten und vierten Lebensjahr auftritt, bei. Wenn es bis über den fünften Geburtstag hinaus noch deutlich hörbar ist, ja sich eventuell verschlimmert und noch von anderen Merkwürdigkeiten begleitet wird, wie z. B. Zittern, Schweißausbrüchen, Teilnahmslosigkeit, geringem Selbstbewußtsein, ist es nicht mehr ratsam, auf das von Oma, Tante, Kinderarzt und Erzieherin prophezeite Auswachsen zu warten.

Dabei muß sich das Stottern nicht aus dem Stottern entwickeln, das zwischen dem zweiten und vierten Lebensjahr auftritt und Entwicklungsstottern genannt wird. Es kann auch plötzlich in jedem Lebensalter auftreten, wobei die Wahrscheinlichkeit mit zunehmendem Alter sinkt.»

«Warum stottert unser Frank?» fragt Franks Vater in eine Sprechpause hinein, da er in vielen Situationen mit seinem Sohn mitleidet.

«Das ist die Frage, die niemand beantworten kann. Generationen von Stotterer-Forschern haben Überlegungen dazu angestellt, sie verworfen, neue Wege der Therapie beschritten, um Aufschluß über die Ursache zu erhalten. Aber bisher läßt sich leider immer noch keine beweisbare Ursache des Stotterns präsentieren. Möglicherweise gibt es nicht *die* Ursache, sondern deren mehrere.»

«Könnte man sagen, daß unser Moritz als Stotterer geboren wurde?» fragt Frau Schiefer.

«Eine geerbte Veranlagung zum Stottern gibt es wohl nicht, aber möglicherweise leidet Moritz an einer Anlage, die Stottern begünstigt, z. B. an einer Neuropathie, also einer allgemeinen Schwächung des Nervensystems. Besonders das dem Willen nicht unterliegende Nervensystem ist dann leicht reizbar und löst heftige Gefühlsbewegungen aus. Schwankungen der Stimmung sind bei diesen Kindern, die ja auch mal erwachsen werden, zu beobachten. Darüber hinaus sind diese Menschen auffallend unruhig, ihre Aufmerksamkeit und Konzentrationsfähigkeit sind oftmals verringert.

Oder bei Moritz stimmt das Zusammenwirken der Sprechorgane nicht, die das Gehirn steuert. Dabei kann ein organischer Defekt durch seelische Einwirkung negativ und positiv beeinflußt werden. Wenn Kinder sprechen lernen, überwachen sie ihre Sprachversuche erst einmal vornehmlich über das Gehör, also über die Luft- und Knochenleitung ihres Ohres. Sie hören sich selbst sprechen, z. B. ‹Moritz will keine Toffeln essen›. Moritz hört, daß da etwas nicht stimmt, er verbessert sich dann sofort oder bei einer der nächsten Gelegenheiten. Je älter er wird, desto mehr verschiebt sich die Kontrolle der Sprache und des Sprechens vom Ohr auf die Tast-, Berührungs- und Bewegungsempfindungen des Sprechapparates. Wir spüren also auch, ob wir etwas falsch aussprechen. Je größer die Sicherheit beim Sprechen, um so weniger kontrolliert das Kind seine Sprache mit dem Gehör. Erwachsene kontrollieren ihr Sprechen vornehmlich, indem sie die Muskelbewegungen der am Sprechen beteiligten Organe und Muskeln fühlen.

Nun kann es passieren, daß Ohr, Muskeln, Haut usw. nicht gut zusammenarbeiten, ja sie sich überlagern, Bruchteile von hundertstel Sekunden, daß sie einander hinterherhinken, zu schwach sind, sich gegenseitig auf dem Weg ins Hirn oder auch dort behindern. Können die einzelnen Signale nicht aufeinander abgestimmt, richtig zusammengeschlossen und gedeutet werden, kann es zu einer Fehlschaltung kommen, und die Gehirnregionen der am Sprechvorgang beteiligten Organe machen ‹Bandsalat›.»

B-b-bitte ei-eine leichtere E---rklärung.

«Halten Sie sich vor Augen, wie ein Taschenrechner arbeitet: Geben Sie die Anweisung $12 \times 28 + 48$ nicht hintereinander in der richtigen Reihenfolge und mit dem nötigen Zeitabstand ein, wird Ihr Rechner streiken bzw. nicht das richtige Ergebnis liefern.

Oder ein anderer Vergleich: Die Züge müssen erst auf dem Ankunftsbahnsteig eingelaufen sein, bevor sie vom Abfahrtsbahnsteig wieder abfahren können.

Moritz' Stimmlippen im Kehlkopf ziehen sich stärker und länger zusammen, als es normal ist. Möglicherweise liegt das an Fehlschaltungen im Gehirn.»

«Wurde Moritz zum Stotterer gemacht? Oder anders gefragt: Gibt es Schuldige?» will der Vater wissen.

«Eventuell haben wir als Moritz' Eltern und Erzieher nicht angemessen auf sein Entwicklungsstottern reagiert.

Folgende Verhaltensweisen können Stottern zumindest begünstigen:
Sie hören dem Kind nicht zu.

Sie unterbrechen es ständig bei seinen holperigen Versuchen, seine Gedanken in Sprache und Sprechen umzusetzen.

Sie überschütten es mit einem eigenen Redeschwall.

Sie entmutigen es bei seinen Sprechversuchen, sei es durch Kritik, Lächerlich-Machen oder Herabsetzen.

Sie fordern es auf, erst einmal tief Luft zu holen.

Sie halten es zum guten Sprechen an: ‹Überleg dir erst mal, was du überhaupt sagen willst.›

Sie fordern es zur Kontrolle des Sprechens auf.

Sie fordern es zum Langsam-Sprechen auf.

Nennen Sie bitte die Sprechschwierigkeiten Ihres Kindes niemals Stottern.»

«Ist Stottern neurotisch? Ich meine: Ist Stottern eine psychische Störung?» fragt die Mutter von Johanna.

«Es ist eine Alltagsweisheit geworden, daß jeder Mensch neurotisch sei. Neurose wird bestimmt als unverarbeiteter seelischer Konflikt, der sich in für andere Menschen merkwürdigen, unangemessenen Verhaltensweisen äußert und auch den Körper schädigen kann. Viele organische Krankheiten haben eine psychische Ursache, ihnen liegt ein ungelöster, verdrängter gefühlsmäßiger Zündstoff zugrunde.

Verkrampfungen der Psyche bedingen Verkrampfungen des Körpers und umgekehrt. Die Verdrängung schwieriger gefühlsmäßiger Probleme ist ein psychischer und körperlicher Vorgang. Die Organe und Muskeln, das Blutgefäßsystem und das Knochengerüst reagieren auf seelische Vorgänge. Diese können sich in Migräne, Bluthochdruck, Magenkoliken, Magenschleimhautentzündungen, Asthma, ja offensichtlich auch in Krebs als Teilzusammenbruch des Abwehrsystems niederschlagen.

Unsere Sprechorgane können auch Träger dieser psychischen Vorgänge werden. Der eine Mensch reagiert mit Verspannung des Ischiasnervs, der andere mit überhöhter Muskelspannung der Halsmuskulatur auf Psychostress. Sprache ist etwas Fließendes, beim Stotterer fließt Sprache nicht. Sie ist zerstückelt, zerhackt. Körperlich aber äußert sich ein Gefühl wie Angst in Enge. Beim Stotterer scheint die Angst im Hals zu sitzen. Möglicherweise fühlt Moritz seinen Hals wie zugeschnürt, weil er sich ständig kontrollieren muß: Was darf ich sagen? Was ist verboten zu fühlen, zu denken und auszusprechen? Durch diesen Stau kann Stottern entstehen.

Moritz ist – wie fast alle Stotterer – ein gehemmtes, introvertiertes Kind. Das Stottern wird als Ursache für seine Kontaktprobleme gesehen – und so schließt sich der Kreis, der zum Teufelskreis werden kann. Oft wird die Hemmung des stotternden Kindes als Folge und nicht als Ursache des Stotterns gesehen, wo diese Gehemmtheit wiederum ihre Ursache hat.

Der stotternde Moritz hat Angst, etwas Heraufdrängendes, bisher Unbewußtes herauszulassen. Man kann diese herauswollende Aggression natürliche Regungen und Impulse nennen oder sexuelle Bedürfnisse: Es scheint etwas durch die Erziehung zu stark Verdrängtes zu sein, das im Widerstreit zwischen Herauslassen und Zurückhalten liegt.

Aber ich möchte Ihnen, Herr und Frau Schiefer, nicht zu nahe treten. Das sind alles Spekulationen, mögliche Ursachen, sogenannte Hypothesen.

Um das zusammenzufassen, habe ich ein Papier für Sie erarbeitet: ‹Stichwort Stottern› heißt es; da können Sie noch einmal alles Wichtige nachlesen.»

Elternsprechstunde Stottern

Stottern ist eine zeitweise auftretende, willensunabhängige und situationsabhängige Störung des fließenden Sprechens.

Ursache: Es gibt viele Theorien über die Ursache des Stotterns, die alle nicht befriedigen und das Phänomen Stottern nicht in ausreichendem Maße erklären. Stottern ist ein Krankheitsbild, an dem individuell unterschiedliche körperliche, seelische und kommunikative Faktoren beteiligt sind.

Häufigkeit: Etwa zwei Prozent der Bevölkerung stottern. Auffällig ist dabei, daß Männer deutlich häufiger betroffen sind. Auf vier bis fünf stotternde Jungen und Männer kommt nur ein stotterndes Mädchen oder Frau.

Erscheinungsformen des Stotterns: a) Klonisches Stottern ist eine Wiederholung von Lauten und Silben, z. B. bi-bi-bitte. b) Tonisches Stottern ist angespanntes, stummes Verharren (Block) bei einem Laut, z. B. b---itte.

Entwicklung des Stotterns: In den meisten Fällen beginnt das Stottern während des zweiten bis sechsten Lebensjahres, seltener zum Zeitpunkt der Einschulung und noch seltener während der Pubertät. Das Entwicklungsstottern im zweiten und vierten Lebensjahr wird für einige Kinder zum Vorstadium des Stotterns.

Wenn Sie den harmlosen Silben- und Wort-Wiederholungen keine negative Beachtung schenken, bilden sie sich nach wenigen Monaten bei ca. achtzig Prozent aller Kinder zurück. Das Entwicklungsstottern beruht auf einem Mißverhältnis von Sprechgeschicklichkeit und sensorischen Fähigkeiten und Denkvorgängen.

Der **Übergang in echtes chronisches Stottern** hängt von folgenden Faktoren ab:
– Die Umwelt verhält sich falsch gegenüber dem ungeschickt sprechenden Kind.
– Die seelischen Lebensumstände belasten das Kind.
– Dem Kind wird bewußt, daß Sprechen und Sprache schwierig sein können. Es wendet sich verstärkt seinem Sprechen und seiner Sprache zu und kontrolliert sich dabei stark.

Weitere Anzeichen des Stotterns:
Die Atmung ist gestört.

Kinder vermeiden für sie schwierige Laute, Silben und Wörter. Sie suchen leicht auszusprechende Wendungen und setzen sie ein. Dabei stellen Kinder Sätze um, vertauschen Wörter und setzen phrasenhafte Satzteile ein wie z. B. «Was ich noch sagen wollte...»

Gleichzeitig bewegen Kinder andere Körperteile mit. Sie klopfen oder stampfen mit den Beinen, gestikulieren wild mit den Armen, bewegen heftig Nasenflügel und Mund, zucken mit der Gesichtsmuskulatur, z. B. mit den Augen, schneiden Grimassen, schlagen die Beine übereinander, ächzen und stöhnen.

Erröten, Schweißausbrüche, feuchte Hände, Fingerzittern.

Zur Persönlichkeit des Stotternden

Stotterer sind fast immer zurückhaltend, ängstlich, vorsichtig, korrekt, gehemmt.

Sie fühlen sich oftmals minderwertig, leben zurückgezogen, sind menschenscheu und neigen zu Verstimmungen.

Psychisch bedingte Sprachhemmungen treten aber auch aktuell in spannungsvollen Situationen, beim Sprechen mit höhergestellten Personen, beim Sprechen vor Gruppen, bei öffentlichen Veranstaltungen und beim Telefonieren auf.

Blickkontakt wird oftmals vermieden.

Auffällig ist dagegen, daß Stotterer beim Singen nicht stottern.

Das Stottern verringert sich beim Sprechen mit bekannten, vertrauten Personen oder im Spiel mit Puppen oder Tieren.

Therapie des Stotterns

So vielfältig wie die Theorien über das Stottern, sind auch die Behandlungsmöglichkeiten. Sie reichen von Atem-, Stimmen- und Sprechtherapie über analytische und verhaltenstherapeutische Verfahren bis hin zur Therapie mit Medikamenten.

Im Kindesalter sollte die Stotterer-Therapie immer eine Eltern-Kind-Therapie sein. Über das Beispiel des Therapeuten lernen die Eltern, wie sie mit ihrem Kind umgehen sollten.

Prognose des Stotterns

Nach einer guten Therapie des Stotterns sind im Erwachsenenalter ca. ein Drittel der Stotterer symptomfrei. Ein Drittel kann besser sprechen, und ein Drittel kann nicht geheilt werden. Das ist erstaunlicherweise bei all den verschiedenen therapeutischen Maßnahmen festzustellen.

Bei Kindern ist die Prognose noch viel günstiger. Etwa die Hälfte aller Kinder sind nach der Therapie geheilt.

Elternsprechstunde Stottern

Wie verhalte ich mich, wenn mein Kind stottert?

Überlegen Sie bitte, wie Sie sich alltäglich einem stotternden Kind gegenüber verhalten.

Stottern kann durch verschiedene Umstände entstanden sein. Und weil es so schwierig ist, den eigenen Anteil an einer kindlichen Störung zu sehen, sprechen Sie mit einem Menschen Ihres Vertrauens, der Sie im Umgang mit Ihrem Kind kennt, über die einzelnen Punkte:

Idealbild vom Kind

Ihre Idealvorstellung von Ihrem Nachwuchs ist ein braves, ruhiges und gehorsames Kind.

Überlegen Sie, ob Sie oft nein sagen, prüfen Sie, ob Sie Dinge verbieten, die bei eingehender Prüfung gar nicht negativ sind.

Wird die Selbsttätigkeit Ihres Kindes durch Ihre Vorschriften begrenzt und gehemmt? Reagieren Sie manchmal wütend, wenn es Ihre Vorschriften nicht einhält? Stören Sie aggressive oder sexuelle Einfälle Ihres Kindes? Können Sie es vertragen, wenn Ihr Kind Wut hat?

Ihre Zuwendung
Können Sie Ihrem Kind Ihre Liebe zeigen? Mit dem Körper und mit Worten? Nehmen Sie sich genug Zeit für das Kind?

Geschwisterkonflikte
Wetteifert Ihr Kind ständig mit seinen Geschwistern? Ist es gekränkt, wenn ein Geschwister vermeintlich besser behandelt wird, kann aber den Zorn nicht herauslassen? Ideale Eltern gibt es sowenig wie ideale Kinder. Aber mit anderen über diese Themen offen zu sprechen ist sehr hilfreich.

Das Wichtigste ist: Versuchen Sie, Ihr Kind so anzunehmen, wie es ist. Glauben Sie an die selbstregulierenden Kräfte in Ihrem Kind, die erst dann richtig ausreifen können, wenn eine gute Beziehung zwischen Ihnen und Ihrem Kind entstanden ist. Seien Sie bitte nicht ständig unzufrieden mit sich, und versuchen Sie, Ihrem Kind genug Raum zur Entfaltung zu geben.

Wie fördere ich ein stotterndes Kind?

Entspannung: Entspannen Sie sich und Ihr Kind!

Entspannung ist wichtig für Ihr stotterndes Kind und für Sie als stottergestreßter Elternteil.

Machen Sie sich bewußt, was beim Sprechen geschieht:

In Ihrem Bewußtsein steigt eine Idee, ein Bild, ein Gedanke auf. Diese Eingebung muß in Wörter übersetzt werden. In Ihrem Gehirn steht Ihnen ein Wortlexikon zur Verfügung. Außerdem haben Sie den Satzbau und die Grammatik, die Struktur Ihrer Muttersprache gelernt, die diese gedachten Wörter in die gewünschte Ordnung bringt. Denken Sie an die Befehle, die sie an die Muskeln geben, um die Stimmlippen im Kehlkopf zu spannen und zu entspannen und nicht – wie es beim Stotterer der Fall ist – zu verkrampfen. Stellen Sie sich die Muskelbewegungen der Zunge, der Kiefer, der Lippen, des Gesichtes, ja auch der Hände (Geste) vor, die nötig sind, um einen Satz zu sprechen. Beim Stotterer ist die Muskelspannung erhöht, es kommt zu Verspannungen. Die Zentrale im Gehirn sendet zuviel «Strom» (Nervenimpulse) in das «Leitungsnetz» (Nervenbahnen) und spannt die Stimmlippen zu sehr an. Aus dem Bitte wird ein B----itte oder ein Bi-Bi-Bitte. B----ittte = ein großer, langer Krampf der Muskulatur. Bi-Bi-Bitte = ein kleiner, kurzer Krampf der Muskulatur.

Durch eine Technik aus dem östlichen Yoga können Stotterer sehr gut die Muskulatur entspannen. Aber auch gestreßten Nicht-Stotterern bringt sie wohltuende Entspannung.

Stoßen Sie Vokale aus. Schon das *Denken* von Vokalen beim Ausatmen massiert durch die Vibration die Organe. Das entspannt und stärkt die Muskulatur. Die Vibrationen erreichen auch die tiefsten Gewebe- und Nervenzellen, der Blutkreislauf wird angeregt, die Drüsen der inneren Aussonderung, die ihre Hormone ins Blut ergießen, werden angeregt. Das entkrampft die Muskeln und entspannt.

Sie und Ihr Kind können auch täglich drei bis fünf Minuten gemeinsam durch die Silbe OM entspannen. Sie legen sich, wenn es kühl ist, eingerollt in eine warme Decke, auf den Boden. Sie atmen tief durch die Nase in den Bauch ein. Dieser hebt sich in der Nabelgegend. Dann fließt Luft durch den jetzt leicht geöffneten Mund aus und bringt die Stimmlippen durch das OM zum Schwingen, bis die Lunge vollständig entleert ist. Der Ton OM klingt tief und gleichmäßig. Wenn Sie auf OM ausatmen, schließen Sie den Mund: Das M summt und vibriert im Schädel.

Einatmen Ausatmen Atempause

------OOOOOOOOOOOOOOOOOOOOOOOOMMMMM

Schließen Sie die Augen während der Übung.

Sie atmen also tief in Ihre Mitte ein, atmen dann aus und beginnen mit dem Ausatmen das O zu sprechen. Das M rundet die Ausatmung ab und begleitet die Pause zwischen den Atemzügen.

Legen Sie Ihre gespreizten Finger auf den Bauch unterhalb des Nabels, so spüren Sie Ihren Atem kommen und gehen. Falls Ihnen das Aussprechen des OM peinlich ist, denken Sie es sich nur, die Wirkung ist ebenfalls enorm.

Durch das gemeinsame Entspannen werden Sie und Ihr Kind sich näherkommen. Es spürt, daß Ihnen etwas an ihm liegt.

Rhythmisches Singen und Sprechen
Machen Sie sich folgende Phänomene zunutze:

Wenn Stotterer singen oder Gedichte vortragen, stottern sie nicht oder jedenfalls doch viel weniger als sonst. Also singen Sie mit Ihrem Kind oder sprechen Sie mit ihm Gedichte, Verse, melodische Geschichten, Abzählreime etc.

Singen
Singen Sie mit oder ohne Musik, die Sie vom Schallplattenspieler oder Tonband begleitet und den Rhythmus vorgibt. Noch besser, wenn Sie und Ihr Kind zugleich singen und sich bewegen. Denn alle Sinne sind miteinander gekoppelt und man kann durch die gezielte Förderung eines Sinnes, z. B. der Bewegung auch andere Sinnesorgane und Sinnesverarbeitungen verbessern.

Körper und Seele/Psyche bilden eine Einheit, und durch Bewegung kann die psychische Situation verbessert werden. Regen Sie Ihr Kind an (am besten durch Ihr Vorbild): Sie singen zusammen und bewegen sich dabei. Weiträumige, ausladende Bewegungen sind dabei besser als die kleinen, engen Bewegungsabläufe. Ihr Kind soll sich, Stimme, Körper und Psyche, austoben.

Tip für kleinere Kinder: «Die große Liederfiebel» von H. und J. Grüger (Pädagogischer Verlag Schwann, Düsseldorf, 19,80 DM)

Neben dem Buch liegt auch eine Schallplatte mit den 38 Liedern aus der Liederfibel vor. Kinder einer Singgruppe singen und musizieren. Tonlage und Tempo sind dabei den Bedürfnissen der Kleinkinder angepaßt. Es wird nicht glanzvoll konzertiert, sondern zum Mittun einladend musiziert.

Für ältere Kinder und Jugendliche eignen sich Instrumental-LPs, die ebenfalls zum Mitsingen und Mitbewegen animieren, wie z. B.

Miles Davis: Classics, CBS 80865
Jethro Tull: Stand up, Chrysalis CHR 1042
Santana: Abraxas, CBS 64087
Ekseption, Philips 6314 005

Sprechen
Kinderverse sollen altersgemäß eingesetzt werden – Lautspielereien helfen, die kleinen und großen Verkrampfungen zu überwinden.

Tip: «Sprachspiele für Kinder» von K. W. Peukert, Rowohlt TB 6919, 7,80 DM

Tragen Sie die Texte theatralisch bis gekünstelt vor, dadurch wird der Sprachrhythmus noch betont.

Das Gespräch
Eine der besten Fördermöglichkeiten für Ihr stotterndes Kind ist das ruhige, entspannte, verständnisvolle Gespräch über alltägliche Dinge, zum Beispiel abends vor dem Zubettgehen.

In den 15 bis 20 Minuten gehört Ihre ganze Aufmerksamkeit nur Ihrem Kind, mit dem Sie zwanglos plaudern. Fragen Sie nach den Ereignissen des Tages. Vor allem kann dieses abendliche Gespräch – es kann auch ein «Tischgespräch» zu einer anderen Tageszeit sein – helfen, eine innige Beziehung herzustellen bzw. zu verfestigen.

Beherzigen Sie die Regeln, die im Kapitel «Sprache und Kommunikation» begründet werden. Erfreuen Sie Ihr Kind dadurch, daß Sie positive Dinge auch aussprechen. Oftmals denken wir zwar Positives, sind gerührt, beeindruckt oder freudig erregt über das Verhalten unseres Kindes, drücken diese Gefühle aber nicht mit Worten aus. Bei Negativem schimpfen, nörgeln wir viel eher.

Versuchen Sie bei diesem abendlichen Gespräch zu erspüren, ob und wann das Kind Sie anschaut. Und: Moralisieren Sie nicht, verbessern Sie es nicht.

Oder Sie führen das Gespräch als abendliche Meditation. Dann sind Sie beide entspannt und entstreßt und Ihr Kind wird die Erfahrung machen, daß es über weite Strecken symptomfrei sprechen kann. Es verliert das Gefühl, Sprache sei etwas Schwieriges, das es nur unzureichend beherrscht.

Minderwertigkeitsgefühle, die durch die Sprachstörung entstanden sind, können so gemildert werden.

KAPITEL 13

Dysgrammatismus
«Gefußballt habe heute»

Stefan, 8, ist eine Sportskanone. In der Schule ist er im Sport der Beste seiner Klasse, in seiner Freizeit läuft er Ski, fährt Rad, spielt Volley-, Hand- und Fußball. Zu seinem bevorstehenden Geburtstag wünscht er sich sehnlichst einen Tennisschläger. Sein Vater Dario hat versprochen, ihm dann einige Trainerstunden zu geben. Und der Geburtstag rückt immer näher.

«Papa, du nicht vergißt die Sache mit der Tennisschläger.»

«Mit dem Tennisschläger», mischt sich Mutter Helga ein.

«Das heißt der Tennisschläger», meint Stefan entrüstet.

«Ja, aber in diesem Satz heißt es nun einmal mit dem Tennisschläger.» Mutter Helga ist entnervt.

Stefan kapiert die deutsche Grammatik nicht, und mit dem Satzbau hat er auch erhebliche Schwierigkeiten.

«Is doch piepegal», meint Vater Dario im schönsten Ruhrpottdeutsch. «Hauptsache, ich verstehen, was Stefan will.»

Dario kommt aus Palermo und hat Helga vor 10 Jahren in Südtirol kennengelernt, wo Helga ihren Urlaub mit einer Freundin verbrachte. Damals sprach er schon ganz gut Deutsch, und es gab keine Verständigungsprobleme zwischen den beiden.

Die Heirat verschlug Dario nach Essen, und dort lernte er wenig Deutsch hinzu, und das auch nur im Dialekt.

Bei Dario ist sein Kauderwelsch nicht weiter von Nachteil. Anders ergeht es da seinem Sohn Stefan, vor allem in der Schule hat er große Probleme. Stefan radebrecht wie sein Vater und schreibt auch genauso.

«Was is nu mit der Tennisschläger? Stefan will haben, basta! Vielleicht werde mal Geld verdienen wie Boris Becker. Wenn ich nicht bald geübt, denn hab null Bock.»

«Ich bin nicht dafür, daß du schon wieder eine neue Sportart anfängst, es reicht doch...» Da klingelt das Telefon bei Familie Batalli. Herr Wöbkink, Stefans Lehrer, ist am anderen Ende der Leitung.

«Guten Abend, Frau Batalli. Ich habe Sie auf dem letzten Elternabend vermißt.»

«Ach ja, die Silva, unsere Kleine, war krank.»

«Ja, aber ich muß Sie und Ihren Mann unbedingt in nächster Zeit sprechen.»

«Hat der Stefan etwas ausgefressen?», fragt Helga besorgt.

«Nein, es geht nicht um sein Verhalten, es geht mehr um seine Leistungen. Wann würde es Ihnen denn passen? Ihnen beiden!»

Es wird ein Termin für den kommenden Donnerstag verabredet. Am Donnerstagabend sitzt Herr Wöbkink bei Batallis auf dem guten Sofa.

«Schön, daß ich Sie auch einmal kennenlerne, Herr Batalli», begrüßt Lehrer Wöbkink den Vater seines Schülers. Stefan ist seit dem ersten Schuljahr in seiner Klasse, und er hat Dario Batalli noch nie gesehen.

«Ja, haben zuviel Arbeit, viel zuviel Arbeit», entschuldigt sich Dario.

Bei gutem italienischen Wein ist Stefan das Thema des Abends.

«Er ist ein netter Kerl, immer hilfsbereit, temperamentvoll und körperlich sehr gewandt», lobt Werner Wöbkink Stefan. Frau Batalli ahnt schon: «Das Aber kommt bestimmt. Ich weiß schon, Stefans Sprache! Mir geht es auch auf die Nerven, dieses KLEINKINDgerede, nein, eigentlich ist es noch anders.»

«Das sehe ich auch so, Frau Batalli. Stefan ist nicht nur in seiner Sprachentwicklung zurück. Er spricht dysgrammatisch. Ich meine damit, er beherrscht die deutsche Grammatik nicht richtig. Das ist kein Stehenbleiben bei der Babysprache oder ein Rückfall in die Kleinkindsprache mehr. Er hat überhaupt kein Gefühl für Sprache.»

«Aber für die italienische, bellissimo!» schwärmt Dario Batalli.

«Na, ich weiß nicht», meint Helga.

«Aber Stefan wächst hier in der Bundesrepublik Deutschland auf und sollte schon seine Muttersprache gut sprechen und auch schreiben können. Mit dem Schreiben hat er große Schwierigkeiten», sagt Herr Wöbkink seufzend und trinkt einen kräftigen Schluck Soave.

«Sie können doch nicht sauer auf unseren Sohn sein, nur weil er diese Probleme hat», wirft Helga gereizt ein.

«Ich bemühe mich ja, ihn zu verstehen. Deshalb bin ich hier. Schließlich ist das außerhalb der Dienstzeit!» betont Lehrer Wöbkink. «Bitte erzählen Sie doch von Stefans Entwicklung.»

«Da gibt es nichts Besonderes zu erzählen», meint Helga.

«Wann fing er denn an zu sprechen?»

«Mit gut eindreiviertel Jahren, wenn ich mich recht erinnere.»

«Und wie haben Sie, Frau und Herr Batalli, mit Ihrem Sohn gesprochen?»

«Wie meinen? Gesprochen wir beide Italienisch und Deutsch mit Stefan. Er schon sprechen konnte beide Sprachen sehr früh», berichtet Dario Batalli stolz.

«Und keine richtig!» rutscht es Herrn Wöbkink heraus.

«Meinen Sie, das war falsch? Ist das etwa der Grund für Stefans Schwierigkeiten mit dem Sprechen und Schreiben?» fragt Helga überrascht.

«Diese Vermutung liegt nahe. Ich habe als Lehrer noch zwei andere Kinder erlebt, die in Stefans Alter Dysgrammatiker waren, beide wuchsen nicht zweisprachig auf. Jens war außerdem starker Legastheniker und in seinen Bewegungsabläufen gestört. Das lag wohl an der komplizierten Schwangerschaft und Geburt. Albert konnte sich nichts merken; er hatte ein Gedächtnis wie ein Sieb.» Herr Wöbkink greift wieder zum Glas.

«Schwierigkeiten mit der Sprache nennt man Dysgrammatismus?» fragt Stefans Mutter. «Bestimmte Störungen werden so genannt, wenn nämlich die Grammatik nicht erfaßt und der Satzbau entstellt wird. Hinzu kommt ein verminderter passiver und aktiver Wortschatz. Bei dem erwähnten Albert war der Dysgrammatismus so schlimm, daß er nicht einmal einfache Sätze nachsprechen und schreiben konnte. Aus ‹Wir nehmen unsere Hefte heraus› hat Albert ‹Wir der Hefte herausgenehmt› gemacht. Grausam!!»

«Aber mein Junge nix so schlecht», meint Dario energisch.

«Aber so schlecht, daß ich keine Chance für eine Versetzung sehe! Es muß etwas passieren. Da wir leider keine Förderklasse haben und eine Umschulung in die Sonderschule unangemessen wäre, braucht Ihr Sohn dringend Therapie.»

Batallis sind hin und her gerissen. Einerseits finden sie es gut, daß Herr Wöbkink sich Zeit für ein längeres Gespräch genommen hat und auch eine Lösung vorschlägt; andererseits erscheint ihnen die Argumentation des Lehrers allzu dramatisierend.

«Bisher hieß es doch bei den Elternabenden immer, Stefan sei ein Spätentwickler, und jetzt das!» Helga rutscht unruhig auf dem Sessel herum.

«Ja, Stefans Sprache hätte sich inzwischen verbessern müssen, wenn es nur eine Entwicklungsverzögerung gewesen wäre. Ich habe Deutsch und Biologie studiert und nicht Logopädie», sagt Herr Wöbkink ärgerlich.

«Also, hören wir auf, uns gegenseitig Vorwürfe zu machen. Was sollen und können wir tun?» fragt Helga.

«Ich halte eine Sprachtherapie für die beste Lösung», meint Herr Wöbkink und gibt Batallis die Adresse einer Sprachtherapeutin. Herr Wöbkink geht. Helga und Dario Batalli reden noch die halbe Nacht. Gleich am anderen Tag ruft Helga die Sprachtherapeutin an und schildert die Probleme ihres Sohnes.

«Kann man da was machen?»

«Ja, doch, die Prognose ist bei Stefan gar nicht ungünstig. Da Stefan geistig, psychisch und körperlich gut entwickelt ist, wird er höchstwahrscheinlich in ein bis zwei Jahren seinen Dysgrammatismus weitgehend überwunden haben. Das setzt allerdings voraus, daß Sie, Frau Batalli, auch zu Hause mit ihm arbeiten.»

114

«Warum ich?» fragt Helga.

«Weil für Ihren Mann Deutsch eine Fremdsprache ist, die er nicht gut beherrscht. Aber wir besprechen bei Ihrem ersten Besuch bei mir alles, und ich gebe Ihnen etwas zu lesen darüber mit, was Eltern mit dysgrammatisch sprechenden Kindern zu Hause üben können und warum eine zweisprachige Erziehung sich unter Umständen ungünstig auswirken kann.»

«Also dann bis zum Montag. Ich werde pünktlich mit Stefan bei Ihnen sein.»

Elternsprechstunde: Dysgrammatismus

Fördern Sie die scheinbar nicht vorhandene Musikalität Ihres Kindes. Obwohl dysgrammatisch sprechende Kinder fast immer äußerst unmusikalisch erscheinen, sind immer Ansatzmöglichkeiten gegeben, diese verringerte oder verschüttete Fähigkeit hervorzulocken.

Der Zugang zum Hören, Fühlen, Empfinden von Rhythmus in Musik und Sprache kann nur in einer Atmosphäre ohne Leistungsanforderung gefunden werden. Werfen Sie bitte nicht die Flinte ins Korn, wenn Ihr Kind auch in der zehnten Förderstunde Schwierigkeiten hat, einen einfachen Takt nachzuklatschen – der «Spaß an der Freud» ist wichtiger als schnell sichtbare Erfolge.

Übungsvorschläge finden Sie in Kapitel 7 «Malen, Rhythmus und Musik» (s. S. 54). Bei gestörten Bewegungen sind psychomotorische Übungen sehr effektiv (siehe S. 74). Fördern Sie die allgemeine und die Sprachwahrnehmung. Dysgrammatiker haben oft keine Antenne für die unterschiedlichen Wahrnehmungsarten. Gesprochene Sprache nehmen wir auch *optisch* wahr, indem wir den anderen auf den Mund sehen. Schriftsprache wird nur mit den Auge wahrgenommen, aber beim Lesen immer unhörbar im Gehirn mitgesprochen. Fördern wir also diese beiden Bereiche durch gezielte Übungen (s. Anregungen zur Wahrnehmungsförderung, S. 45).

Üben Sie außerdem spielerisch Sprache mit den folgenden Spielen für Dysgrammatiker.

226 Der Umzug

Besprechen Sie mit Ihrem Kind einen Umzug.

Welche Gründe mag es dafür geben?

Von wo nach wo kann man ziehen?

Ermuntern Sie das Kind, alle am Umzug beteiligten Personen aufzuzählen. Neben Papa, Mama, Geschwistern gehören vielleicht auch noch Ida, die Katze, und Claudia, die Lieblingspuppe, dazu. Ergänzen Sie das Spiel durch Zusatzfragen.

Üben Sie bei dieser Gelegenheit Verwandtschaftsbeziehungen und machen Sie sie mit Begriffen deutlich. Ingrid ist beispielsweise die Tochter von Mutters Schwester und deshalb die Cousine. Cousine Ingrid hilft auch beim Umzug. Oder hat sie etwa abgesagt?

Ihr Kind soll alle Spielsachen in der Reihenfolge aufzählen, wie sie ihm am wichtigsten und liebsten sind.

Achten Sie bitte darauf, daß Ihr Kind Artikel verwendet und möglichst kurze und vollständige Sätze bildet. Verbessern Sie Ihr Kind nur indirekt: «Ich nehme grünes Krokodil mit in neues Haus.» verbessern Sie beiläufig: «Du nimmst dein grünes Krokodil mit in das neue Haus.»

Jetzt sind die Möbel an der Reihe. Bei der Aufzählung der Möbel sind Sie Ihrem Kind behilflich, indem Sie der Reihe nach die Zimmer nennen und so ein Ordnungsprinzip in die Aufzählung hineinbringen. Weitere Dinge, die beim Umzug verpackt, transportiert und wieder ausgepackt werden müssen, sind: Bücher, Geschirr, Kleidung etc.

227 Quatschgeschichten

Erzählen Sie Ihrem Kind Quatschgeschichten. «Ich ging gestern am See spazieren und sah viele Enten. Die Enten sangen.» Oder: «Schau mal, da drüben brennt ein Schornstein!» Ihr Kind soll Sie dann verbessern und sagen: «Die Enten quaken, und der Schornstein raucht.»

228 Bilder betrachten und dabei Quatsch machen

Spielen Sie mit Lotto-, Memory- oder Quartettkarten. Die Karten werden auf einen Stapel gelegt und die obere Karte wird herumgedreht. Sie sprechen vor:

«Das ist ein roter Apfel.»
«Ich mag gerne rote Äpfel essen.»
«Das ist ein großes Auto!»
«Ich mag große Autos lieber als kleine Autos.»

229 Scherzfragen

Sie stellen Scherzfragen und reizen damit Ihr Kind zum Widerspruch: «Die Milch ist lila.» – «Der Kasper ist lebendig.» – «Der Vogel marschiert.» – «Die Sonne ist kalt.»

KAPITEL 14

Näseln
Hat Boris immer Schnupfen?

Boris geht in die 4. Klasse der Grundschule in Hannover-Linden. Dort herrscht ein rauhes Klima, und Boris hat eines Morgens überhaupt keine Lust, zur Schule zu gehen. Er stochert beim Frühstück lustlos im Müsli herum, und seine Mutter treibt ihn an: «Komm, Boris, beeil dich bitte!! Du kommst zu spät zur Schule und ich zur Arbeit, wenn du weiter so trödelst!»

«Ich habe Agst. Der Jodas will bich verkloppen heute!»

«Welcher Jodas? Der heißt doch Jonas und ist einen halben Kopf kleiner als du, mein Sohn. Warum will der dich schlagen?»

«Er sagt, ich solle endlich richtig Jodas sagen. Dabei sage ich das doch immer!»

«Nein, du sagst wirklich Jodas.»

«Stimmt doch gar nicht!»

«Klar, außerdem sagst du Agst und nicht Angst. Aber das ist ja schließlich kein Grund, dich zu schlagen.»

«Jedenfalls brauch ich de Bege But heute.»

«Komm jetzt. Ich fahre dich schnell an der Schule vorbei, und wenn ich es schaffe, hole ich dich nach Schulschluß auch wieder ab. Dann kommt es zu keiner Keilerei. Und in den Pausen hältst du dich in der Nähe des aufsichtführenden Lehrers auf.»

«Ich bin doch kein Baby!»

Abends sitzen Boris' Eltern, Elisabeth und Karl-Ludwig Schulze, nach dem Abendessen bei einem Glas Wein zusammen.

«Du, Karl-Ludwig, der Boris hat Schwierigkeiten in der Schule, weil er so komisch spricht.»

«Der Junge spricht doch nicht komisch, er ist nur erkältet. Leider ist er das ja immer ein bißchen. Vielleicht sollten wir in den nächsten Ferien nicht in die Toskana, sondern lieber an die Nordsee fahren. Das Klima dort ist gut zur Abhärtung bei chronischen Erkältungskrankheiten.»

«Nein, Boris ist nicht erkältet! Dann würde er rote Augen, eine laufende Nase oder auch erhöhte Temperatur haben. Aber er ist quietschfidel. Es ist nur diese komische Aussprache.»

«Was spricht der Junge deiner werten Meinung nach komisch aus?» macht sich Karl-Ludwig Schulze etwas lustig.

«Na, z. B. sagt er Agst und nicht Angst und Jodas und nicht Jonas!»

«Und wie schreibt er diese beiden Wörter?»

«Richtig! So wie sie geschrieben werden in der deutschen Schriftsprache. Er macht ja überhaupt wenig Fehler. Seine Leistungen in der Schule sind gut und besonders in Deutsch, das meinte jedenfalls Herr Erhardt auf dem letzten Elternabend.»

«Ist ja prima! Aber was spricht er noch falsch aus?»

«Weiß ich auch nicht so genau, Karl-Ludwig.»

«Laß uns doch in den nächsten Tagen gemeinsam darauf achten!» Und Schulzes machen sich in den nächsten Tagen eine Liste mit den Wörtern, die Boris merkwürdig ausspricht. Wieder bei Wein und Bier analysieren Schulzes eine Woche später ihre Aufzeichnungen.

«Also, Elisabeth, das ‹M› klingt bei Boris wie ‹B›, er sagt ‹Baba› statt ‹Mama›, und das ‹N› wie ‹D›, hier haben wir aufgeschrieben: ‹Ich böchte heute Dudeln essen› statt ‹Nudeln›. Das hat er Freitag beim Frühstück gesagt. Und außerdem klingen alle Vokale so dumpf. ‹Oma› hört sich mehr nach ‹Uma› an.»

«Und was machen wir nun mit unseren klugen Erkenntnissen?» fragt Elisabeth ratlos ihren Mann.

«Wir gehen zum Arzt.»

«Und zu welchem Arzt, wenn ich fragen darf?» antwortet Elisabeth etwas gereizt, weil dieser Arztbesuch für sie ein zusätzlicher Termin ist und sie die Warterei in Wartezimmern haßt.

«Geh mal mit Boris zu dem Hals-Nasen-Ohren-Arzt an der Ecke. Der hat ein Schild: Sprachtherapie oder so ähnlich.»

«Kannst nicht du mit Boris zu diesem Weißkittel gehen? Am nächsten Donnerstag hast du doch deinen freien Nachmittag.»

«Nein, nein. Ich will dann mit dem Auto in die Do-it-yourself-Werkstatt. Sonst fällt mir noch der Auspuff beim Fahren ab.»

«Du bringst das Auto in die Werkstatt und ich den Jungen», sagt Elisabeth genervt.

Am nächsten Montag hat Frau Schulze einen Termin beim HNO-Arzt.

Elisabeth beschreibt das Problem, und Boris muß dann dem Arzt einige Worte nachsprechen.

«Sag mal Inge, Boris. Und jetzt bitte Kuckuck. Gut so! Und jetzt sag mal bitte AAAAAAAAAA, aber nicht den Mund dabei aufsperren, einfach ein ganz langgezogenes A sagen.»

Boris folgt brav den Anweisungen, und der Arzt hält Boris bei diesem A die Nase zwei-, dreimal kurz zu.

«Wozu das nur alles gut sein soll?», denkt Boris. «Die spinnen doch alle. Was die nur immer an meinem Sprechen auszusetzen haben?»

Dann werden Boris' Nase, seine Ohren und sein Rachenraum untersucht.

«Boris hat Polypen! Wenn die entfernt sind, wird sich höchstwahrscheinlich seine Rhinolalia clausa legen.»

«Was habe ich? Eine Lalia wie Klaus?» fragt Boris.

«Nein, du hast ein geschlossenes Näseln. Ich habe eben den medizinischen Ausdruck verwendet. Also das ist so mit den Polypen und deinem Näseln: Die Luft kann nicht durch deine Nase strömen, weil dort diese gutartigen Wucherungen der Schleimhäute sitzen. Deshalb klingen manche Laute bei dir entstellt, Boris. Und zwar die Laute, die durch die Nase gesprochen werden wie m, n und ng. Das ist kein Problem.»

Dann wendet er sich wieder an Boris' Mutter: «Frau Schulze, bitte lassen Sie sich vorne bei Frau Müller einen Termin für die ambulante Entfernung der Polypen geben. Das ist eine unkomplizierte, alltägliche Operation, in der Regel ohne jede Komplikation.» Der Mediziner reicht Elisabeth die Hand und geleitet sie in Richtung Tür.

Zu Hause kommen ihr Zweifel: «Ist das eine richtige Operation? Und wieso muß Luft aus der Nase strömen?» Elisabeth hat sich vorgenommen, sich nicht mehr so schnell bei den Ärzten abfertigen zu lassen.

«Können Sie uns das bitte noch mal alles so erklären, daß wir es auch gut verstehen können?» fragt sie beim nächsten Termin.

Im ersten Moment ist der Arzt etwas beleidigt, dann holt er ein Buch aus dem Regal und schlägt es auf. «Nase und Mundraum hängen zusammen, und beim Sprechen der Nasallaute, das sind in der deutschen Sprache die Laute M, N und NG, und auch verschiedener Vokale, hat das Gaumensegel, das Zäpfchen hinten im Rachen, die wichtige Aufgabe, den Luftstrom des Mundraumes durch die Nase zu leiten beziehungsweise bei den anderen Lauten den Nasenraum abzudichten.

Jetzt kann es aus vielerlei Gründen passieren, daß zuviel oder zuwenig Luft durch die Nase strömt. Bei Boris durch die Polypen beispielsweise zuwenig, deshalb klingen bei Boris die Nasallaute erkältet.»

«Und wenn zuviel Luft kommt, heißt das dann geöffnetes Näseln?» fragt Boris wißbegierig.

«Offenes Näseln heißt es dann, und die Sprache klingt nicht verschnupft, sondern eher blasiert und affektiert.»

«Affektiert – was ist das?»

«Wie bei dem Butler in dem Krimi mit den verschwundenen Skeletten auf deiner Larry-Brant-Kassette», erklärt Elisabeth ihrem Sohn.

«Aha, das klingt toll, finde ich. Würde ich doch nur geöffnet näseln», klagt Boris.

«Jetzt erklären Sie mir doch noch bitte die Risiken dieses Eingriffs», bittet Elisabeth, und der Arzt klärt sie über die Einzelheiten auf.

Nachdem die «Übeltäter» entfernt sind, sagt Boris zu Jonas: «Jonas, jetzt gibt's einen auf die Nase, damit du auch eine Rhinolalie clausa bekommst!» Aber der versteht nur «Bahnhof».

Elternsprechstunde Näseln

Was mache ich, wenn mein Kind (offen) näselt?
Üben Sie mit Ihrem Kind die Bewegung für Lippen, Zunge, Kiefer und Gaumensegel. Anregungen erhalten Sie im Kapitel «Sprechgymnastik» (s. S. 18).

Tip: Die Gähnübungen sind bei offenem Näseln besonders wirkungsvoll. Aktivieren Sie das Gaumensegel durch das Üben der Verschlußlaute p, t, k.

230 **Vorübung** Explosion der Tüte. Ihr Kind bläst eine Papiertüte auf und bringt sie zum Platzen. Das gleiche wiederholen Sie zusammen mit Ihrem Kind pantomimisch und machen bei der Explosion: P, P, P, P/T, T, T, T, T, T/K, K, K, K, K, K.

231 **Friedenspfeife** Sie beide verwandeln sich in Indianerhäuptlinge und sitzen nach einer Stammesfehde am Lagerfeuer und rauchen die Friedenspfeife. Es ist ganz still und man hört nur das leise Paffen der Pfeifen: P, P, P, P... Der Rauch wird tief eingesogen und dann P, P, P, P, P wieder ausgeatmet.

232 **Urlaub** Sie sind mit Ihrem Kind in Spanien und machen Urlaub. Sie liegen gerade am Strand und die Hitze ist unerträglich. «Puh» machen Sie und wischen sich den Schweiß von der Stirn.

233 **Wasserhahn** Bringen Sie einen Wasserhahn in Ihrer Wohnung zum Tropfen. Machen Sie gemeinsam mit Ihrem Kind das Geräusch t-t-t-t-t nach. Jetzt tropft der Hahn immer stärker. t-t-t-t-t-t-t-t-t.

234 **Feuerwehr** Es brennt, es brennt, die Feuerwehr rennt. Die Feuerwehr kommt angebraust: Tatü-Tata, Tatü-Tata.

235 **Kuckuck** Angeblich weiß der Kuckuck, wie alt man wird. Zuerst ruft der Kuckuck (Ihr Kind) so oft «Kuckuck», wie es Jahre alt ist. Dann kommen Sie an die Reihe – gemeinsam rufen Sie in Kuckucksangabe Ihr Lebensalter aus.

236 **Hahn und Henne** Sie schauen sich in einem Bilderbuch einen Hahn an und krähen wie er: Kikeriki! Kikeriki! Dann wird die Henne angelockt: Tuk! Tuk! Tuk! Sprechen Sie das O und schlagen dabei mit der flachen Hand schnell hintereinander auf den Mund. Die sich stauende Luft drückt das Gaumensegel hoch!

Massieren Sie den weichen Gaumen. Ihr Kind drückt den weichen Gaumen mit der Zunge in der Mitte leicht nach oben. Dabei werden die Vokale a, i, o gesprochen. Der Würgereflex regt die Gaumenmuskulatur an. Diese Übung bitte nur durchführen, wenn sie Ihrem Kind gefällt.

Schulen Sie das Gehör (s. S. 47). Ihr Kind wird damit empfindsam für die Verzerrung der eigenen Stimme.

Was mache ich, wenn mein Kind geschlossen näselt?

Hier sind die Möglichkeiten der Förderung durch die Eltern und Erzieher geringer als beim offenen Näseln. Die Sprachtherapie können Sie nach Absprache mit dem Therapeuten unterstützen, indem Sie gleichzeitig ausatmen und auf m und n summen.

Ansonsten machen Sie die Übungen des Kapitels «Sprech-Gymnastik» (s. S. 18).

KAPITEL 15

KAPITEL 15

Poltern
Anna, 7, spricht schneller, als ein Intercity fahren kann

Anna ist oft ziemlich nervös. «Wann geht's endlich los, Mama. Ich halt's nicht mehr aus. Fahren wir bald los? Komm, die Oma wartet schon.» Anna springt ungeduldig umher, läuft durch die Wohnung, vom Kinderzimmer ins Zimmer ihrer Mutter, die sich gerade «besuchsfertig» macht, und zurück.

«Mein Gott, Kind, reiß dich doch mal zusammen! Geduld ist ja wirklich nicht deine Stärke. Du machst mich mit deiner Unruhe und Hektik noch krank! – Nun setz dich in dein Zimmer und schau dir den Comic an, den du dir von Silke ausgeliehen hast!»

Frau Wagner ist entnervt. Immer eine so nervöse Anna um sich zu haben, kostet sie viel Kraft und Energie. Plötzlich ein Riesenkrach. «Rumms-bumms-klirr-schepper» – wie aus einer Comic-Blase. Anna schreit fürchterlich, und Sybille stürzt ins Kinderzimmer. Anna ist beim Comicanschauen mit ihrem Stuhl ins Schwanken geraten, hat beim Fallen ihren Plattenspieler vom Tisch gerissen, liegt nun auf dem Boden und strampelt wild um sich.

«Ich werde noch verrückt!» denkt Annas Mutter, reißt sich aber zusammen und fragt ihre Tochter, ob sie sich weh getan habe. Gottlob ist nichts passiert, die Knochen und der Plattenspieler sind heil geblieben.

Tags darauf fahren Sybille und Anna mit dem Zug zu den Großeltern. Unterwegs erzählt Anna ihrer Mutter, was sich heute in der Schule ereignet hat.

«Und da hat der Jens den Michael bespuckt und da hat der Michael die Turnhose runtergezogen und da ist er hingefallen hat ganz dolle geblutet der Rettwagen ist gekommen so mit ‹Tatü-tata› hat Michael ins Krankenhaus gefahren. Und am nächsten Samstag ist Sportfest ich brauche noch einen neuen Badeanzug es ist heiß Mama es ist so heiß sind wir bald in Reinbek?»

Anna plappert ohne Punkt und Komma. Annas Mutter meint, sie sitze nicht in einem Bummelzug, sondern in einem blitzschnellen Intercity.

Annas schnelle Sprechweise bringt ihre ansonsten ruhige und besonnene Mutter manchmal zur Raserei. Anna rattert alles herunter, bei langen Wörtern läßt sie eine Silbe weg, z. B. sagt sie «Ferndung» statt «Fernsehsendung» oder «Elektrität» statt «Elektrizität».

Wenn Anna Geschichten erzählt oder von einem Erlebnis berichtet, sprudelt es nur so aus ihr hervor. Den Sinn versteht die Mutter oft nicht.

«Wie war das mit dem Unfall, und was hat das Ganze mit dem Sportfest zu tun», fragt sie, «erzähl es mir doch noch einmal, aber bitte *langsam!*»

Anna mault, aber dann erzählt sie alles noch einmal, langsamer und konzentrierter.

«Sie kann, wenn sie nur will!» denkt Sybille und ist trotzdem ratlos. Soll sie Anna jetzt ständig durch Sprüche wie «Sprich langsam!» oder «Nicht so schnell» unterbrechen? Sie erinnert sich an eigene leidvolle Erfahrungen mit Sätzen ihrer Mutter: «Sitz gerade», «Reiß dich zusammen.»

«Ich glaube, unsere Beziehung würde darunter leiden, wenn ich Anna ständig maßregeln würde», denkt sie. Die Fahrt ist recht lang, es ist ein heißer Sommertag, und Anna schläft im Zug ein. Ihr Kopf sinkt in Sybilles Schoß, und diese betrachtet ihre Tochter liebevoll.

«Ein hübsches Kind, lieb, hilfsbereit und unternehmungslustig. Viele Freunde hat sie, meine Anna», denkt Sybille stolz. «Und wie sie sich begeistern kann für eine Sache. Mit Leib und Seele ist sie dabei, wenn es ums Kaulquappenfangen, Tischtennisspielen oder Theatermachen geht. Wenn nur das Wörtchen wenn nicht wär... wenn sie nur nicht so nervös und unordentlich wäre. Dabei habe ich ihren Fernsehkonsum gut im Griff, viel besser als Silkes Eltern. Aber ihre Konzentrationsschwäche wird Anna in der Schule noch übel mitspielen.

Schlimm ist, daß sie alles kaputtmacht. Schon als Kleinkind hat sie den mühsam mit ihren Händchen aufgebauten Turm aus Bauklötzchen mit ihrem Po wieder umgeworfen, und so ähnlich ist es heute auch noch. Dabei habe ich so gerne schöne Dinge in meiner Wohnung, aber seit Anna krabbeln kann, muß ich alles in Sicherheit bringen. Nein, das Schlimmste ist ihre Sprache! Das macht mich noch krank. Krank – ist Anna etwa krank? Vielleicht ist das alles gar nicht mehr normal, sondern sind alles Anzeichen einer Krankheit. Aber wie sollte diese Krankheit heißen – Nervosität? Quatsch, das ist keine Krankheit. Aber irgend etwas sollte ich doch unternehmen. In den Sommerferien werde ich die Sache in die Hand nehmen.»

Nach der anstrengenden Fahrt kommen Sybille und Anna bei Oma und Opa an, zu denen Sybille auch nach der Scheidung von deren Sohn noch guten Kontakt hat. Die Großeltern sehen sehr deutlich, daß die Alkoholprobleme ihres Sohnes mit zum Scheitern der Ehe beigetragen haben. Bei Kaffee und Saft erholen sich Sybille und Anna im großen schönen Garten der Großeltern. Anna kann nicht lange stille sitzen und geht zu den Nachbarkindern Kai und Jantje, die sie seit langer Zeit kennt.

Sybille und die Oma kommen bei Kaffee und Kuchen ins Erzählen, die Atmosphäre ist vertraut. Sybille berichtet ihrer Schwiegermutter von ihren Überlegungen, die sie im Zug angestellt hat. «Ist gut, daß du darüber redest, Sybille. Ich habe mir in den letzten Jahren darüber auch Gedanken gemacht. Anna ist so ein liebes Kind, aber einiges in ihrer Entwicklung gibt auch mir zu denken. Und als ich vorige Woche in Hamburg in einer großen Buchhandlung war, fiel mir dieses Buch in die Hände.» Sie steht auf und holt ein kleines weißes Taschenbuch aus dem Regal. «So spricht mein Kind richtig. Entwicklungen und Störungen beim Sprechenlernen. Wie Eltern und Erzieher helfen können» heißt es. Schau doch bei Gelegenheit einmal rein. Irgendwas ist doch mit Annas Sprache nicht in Ordnung – neben diesen vielen anderen kleinen Auffälligkeiten.»

Sybille ist dankbar für diese Anregung und nimmt noch am selben Abend das Buch mit ins Bett. Sie beginnt über Julias Sprachentwicklung zu lesen. «Ja, so ähnlich war es auch bei Anna. Allerdings hat sie später als Julia angefangen. Aber hier steht ja, das wären nur ungefähre Zeitangaben. Schließlich ist jedes Kind ein kleiner Individualist. Der Sohn von der Bäckerei Müller hat erst mit gut drei Jahren angefangen zu sprechen, und dann ging's in einem rasanten Tempo voran. Also, vom zeitlichen Ablauf her scheint Annas Sprachentwicklung normal verlaufen zu sein.»

Dann liest Sybille die Kapitel über das Stammeln und das Stottern.

«Nein, beides trifft auf Anna nicht zu!», denkt sie erleichtert und ist doch etwas verunsichert. Aber was könnte es dann sein? Und dann beginnt die Geschichte mit einem kleinen Mädchen namens Anna, und diese Anna spricht genauso wie Sybille Wagners Anna.

Sybille liest voller Anspannung die Geschichte weiter. «Anna spricht sehr schnell und überstürzt», heißt es da weiter, «manchmal wiederholt sie Silben und Wörter. Sie läßt bei freiem Sprechen, Lesen und Schreiben Wörter und Silben aus oder verschmelzt sie. Hinzu kommt eine ungesteuerte Körperbewegung, mangelnde Konzentrationsfähigkeit, eine Beeinträchtigung der Handschrift in Verbindung mit einer sogenannten Lese-Rechtschreib-Schwäche (Legasthenie) und eine gestörte, hektische und flache Atmung.»

«Das trifft fast alles auch auf meine Anna zu!»

«Diese Sprachstörung wird POLTERN genannt.»

Sybille weiß nun: «Anna poltert.»

«Aber wieso soll Poltern eine *Sprach*störung sein? Ich hätte gedacht, es ist eine *Sprech*störung, wo doch die Fachleute offensichtlich diese Unterscheidung machen.»

«Aber da steht schon was darüber.»

«Poltern ist eine sprachliche Gestaltungsschwäche mit unkontrollierter, undeutlicher und sich überstürzender Sprechweise; es besteht ein

Irgendwann wird Ihr Kind...

... schon gelernt haben, richtig zu sprechen. Es braucht seine Zeit, um das riesige Pensum einer Sprache zu beherrschen.

Sie fordern ja auch nicht von sich selbst, über Nacht perfekt Französisch oder Englisch sprechen zu können, oder von Ihrem Ersparten einen großen Zinsgewinn in wenigen Tagen.

Es braucht Geduld, und die sollte man schon aufwenden.

Mißverhältnis zwischen Ideenreichtum, anlagemäßiger Lebhaftigkeit und sprachlicher Gestaltung, oftmals begleitet von großer Geschicklichkeit in der Aussprache. Gestört ist nicht das Sprechen, sondern die gedankliche, sprachliche Vorbereitung. Beginnen die Kinder zu reden, ist das, was sie erzählen wollen, gedanklich noch nicht ausreichend vorbereitet.»

«Anna soll nicht richtig denken können?! Da kann ich ja nur lachen.» Sybille ist empört und legt das Buch zur Seite. Sie versucht einzuschlafen, doch ihre Gedanken lassen sie nicht zur Ruhe kommen. «Anna und nicht richtig *denken* können. Sie spricht zu schnell, das ist alles! Sie ist ausgesprochen clever und kapiert alles sofort. Sogar die komplizierte Geschichte über die Entstehung von Gewittern hat sie neulich schneller begriffen und wiedergeben können als Sonja, und die ist schließlich schon acht!»

Sybille knipst das Licht wieder an und liest weiter.

«Alle Symptome des polternden Kindes deuten auf eine angeborene oder erworbene Schwäche der Verarbeitung und des Zusammenwirkens bestimmter Reize im Gehirn hin; komplizierte Abläufe werden dadurch erschwert.

Sobald eine ‹Krankheit› in fehlgesteuerten Hirnprozessen zu liegen scheint, werden alle Eltern unruhig.»

«Stimmt genau!» Sybille seufzt.

«Ist mein Kind geistig behindert? ist die bange Frage der verunsicherten Eltern.»

«Geistig behindert – das kann nicht sein!»

Sybille rückt Kopfkissen und Brille zurecht.

«Es verhält sich ähnlich wie mit den neurotischen Tendenzen der Stotterer. Wir sind alle mehr oder weniger neurotisch und wir alle sind mehr oder weniger geistig gestört. Der eine leidet an einer Schallempfindungs-Schwerhörigkeit, der andere ist farbenblind; der eine wundert sich über sein schlechtes Gedächtnis, der andere ist unfähig, Vokabeln und Grammatik einer Fremdsprache zu erlernen; der eine kann nicht gleichzeitig mit einer Hand auf der Brust kreisen und sich mit der anderen Hand auf den Kopf klopfen, der andere kann nicht von einem Bein aufs andere hüpfen; der eine kann keinen einfachen Takt nachklatschen, der andere kann seine Zunge nicht rollen; der eine ist ungeschickt –, der andere ist unbeherrscht; der eine lallt nach einem Glas Wein, der andere kann keinen Körperabstand halten und rückt seinen lieben Mitmenschen immer viel zu nah auf die Pelle. Das alles sind Ausfälle, die mit einer Störung im Gehirn zu tun haben können. Bei dem einen Menschen klappt diese Schaltung nicht, beim anderen eine andere nicht.

Alle diese Ausfälle beunruhigen uns erst, wenn sie uns stören oder wenn sie von den Mitmenschen als Störung eingestuft werden. Störung signalisiert immer ein Anderssein – abseits des Normalen zu sein, zu handeln, zu empfinden.

Gewisse geistige Störungen sind also etwas ganz Normales; schließlich ist die Arbeit, die unser Gehirn zu leisten hat, um ein Vielfaches komplizierter als die Arbeit des größten Computers – der manchmal auch Kuddelmuddel liefert.

Eine gestörte Hirntätigkeit, die als Poltern erscheint, kann angeboren oder erworben sein.»

«Daran ist bestimmt Peter schuld mit seinem Alkoholkonsum!» Sybille ist empört und erleichtert zugleich. Endlich kann sie Annas Verhalten besser verstehen.

«Aber es ist nicht gut, immer nach einem Schuldigen zu suchen – vielleicht gibt es noch andere Erklärungen und Ursachen für dieses Poltern. Ach ja, hier steht's.»

«Erworbene Funktionsstörungen haben viele Ursachen, z. B.

– eine schwere, sauerstoffarme Geburt
– Blutgruppenunverträglichkeit
– schwere Ernährungsstörungen im Embryonal-, Baby- oder Kleinkindalter
– Krankheiten – psychische und somatische – der Mutter während der Schwangerschaft
– Störungen oder Verzögerungen der Entwicklung der Hirnreifung und des Zentralnervensystems

und viele andere mehr.

Angeborenes Poltern ist eine Anlage: Die Verarbeitung von Gedanken und ihre Aussprache ist für Störungen anfällig.»

«Aha – also ist es nicht ganz ausgeschlossen, daß Peter schuld daran ist. Aber wichtiger, als einen Schuldigen zu finden, ist: Was kann gegen dieses Gepoltere getan werden?»

Sybille liest: «Aus dem bisher Gesagten sollten Sie keineswegs den Schluß ziehen, daß sowieso nichts zu machen sei; es gibt viele Möglichkeiten, wie Sie Ihrem polternden Kind helfen können! Lesen Sie bitte die Elternsprechstunde Poltern.»

Elternsprechstunde Poltern

Auch wenn es sinnvoll erscheint, das polternde Kind auf die Störung aufmerksam zu machen und an langsames Sprechen zu erinnern, da dadurch das Poltern nachläßt, sollten Sie auf keinen Fall zu dieser direkten Maßnahme greifen! Unter Umständen wird die Auffälligkeit ungünstig beeinflußt, z. B. in Richtung Stottern. Viele Sprechstörungen sind nicht Poltern oder Stottern in Reinkultur, sondern eine Mischform aus beiden; Poltern mit Stotterkomponente oder Stottern mit Polterkomponente.

Versuchen Sie immer, das Poltern positiv zu beeinflussen, indem Sie das Kind indirekt fördern. Schaffen Sie immer wieder Situationen, in denen es Ihnen möglich ist, ihm geduldig zuzuhören, und versuchen Sie Ihr Kind so anzunehmen, wie es ist: in Sprache und Bewegung polterig.

Überprüfen Sie Ihr eigenes Sprechtempo! Die Störung aufzuheben und systematisch Sprachabläufe und Aussprache einzuüben, bleiben der Therapie vorbehalten.

Folgende unterstützende und fördernde Möglichkeiten stehen den Eltern und Erziehern zur Verfügung:

237 **Denk-Rede-Übungen** Sie betrachten mit Ihrem Kind ein Bild, Foto etc., sprechen vor, was Sie sehen, und lassen es vom Kind nachsprechen. Sie bemühen sich bitte, Ihre Gedanken gut zu gliedern und präzise auszusprechen.

Dann gehen Sie langsam dazu über, eine Bildfolge mit (vielen) Einzelheiten zu besprechen. Schließlich lassen Sie die Bilder weg und erzählen kleinere Geschichten.

Psychomotorisches Training: Wenn die Bewegungen Ihres Kindes «poltrig» sind, machen Sie bitte Übungen aus dem Bereich «Psychomotorik» (s. S. 74).

Tages- und Zeitplan: Bringen Sie so viel Übersicht, Planung und Ruhe in den Tages- und Zeitplan wie möglich. Dazu gehört das rechtzeitige Aufstehen am Morgen, die Erholungspause nach dem Kindergarten- oder Schulbesuch, das entspannte abendliche Gespräch und das rechtzeitige Zubettgehen.

Entspannung: Die Entspannungsübungen für stotternde Kinder (s. S. 61) sind auch für polternde Kinder sinnvoll. Ihr Kind kommt zur Ruhe, lernt sich gezielt zu entspannen und mit mehr Gelassenheit und weniger Blokkierungen seine Gedanken zu formen und sie auszusprechen.

Rhythmisch-musikalische Gestaltung: Durch Verlangsamung und Rhythmisierung des Sprechens bessern sich Poltersymptome. Langsames, rhythmisches Sprechen hilft, den sprachlichen Ausdruck von Gedanken besser vorzubereiten. Sprechen wirkt auf die Sprache zurück. Das Poltern bessert sich.

Geduld: Die fehlgesteuerten Prozesse, die für das Poltern verantwortlich sind, können sich auch von selbst normalisieren. Gestörte Funktionen müssen nicht eine ganze Kindheit oder ein Menschenleben lang bestehen bleiben, sondern können sich regulieren.

KAPITEL 16

Mutismus – Kristina spricht nicht mehr

Kristina ist fünf, sie beunruhigt ihre Eltern. Nachts näßt sie ein, schläft unruhig und schreckt schweißgebadet und schreiend auf. Tagsüber nimmt sie wenig Notiz von anderen Menschen. Mit aufeinandergepreßten Lippen schaut sie scheu und ängstlich zu Boden und kaut dabei an den Fingernägeln. Am meisten beunruhigt die Eltern, daß Kristina seit Monaten kein Wort mehr mit ihnen spricht.

Auch die Erzieherin im Kindergarten hat beobachtet, daß Kristina kaum mehr spricht. Sie beteiligt sich selten an Spielen und spricht dabei so gut wir gar nicht mehr. Wenn man sie anspricht, gibt sie kurze Antworten, vermeidet aber jeglichen Blickkontakt. Dabei macht sie einen intelligenten und hochsensiblen Eindruck, besonders wenn es um die Belange anderer Kinder geht.

Als Thomas aus ihrer Kindergartengruppe von den anderen Jungen als Waschlappen bezeichnet wurde, durchbrach Kristina ihr Schweigen und schimpfte erregt mit den Jungen, die Thomas gekränkt hatten. Aber ansonsten schweigt sie! Zu Hause sagt sie kein Wort!

Sie ist teilnahmslos, niedergeschlagen und ängstlich. Sie nuckelt und strampelt, was sie in ihrem Alter längst aufgegeben haben müßte. Statt wie früher viele verschiedene Gesten und Gesichter zu zeigen, schaut Kristina gleichförmig und leer vor sich hin, ohne sich zu bewegen.

Nach einem Gespräch der besorgten Eltern mit der Erzieherin stellen Herr und Frau Koch ihre Tochter Kristina der Kinderpsychologin Frau Eckstein in der Erziehungsberatungsstelle der nächstgelegenen größeren Stadt vor. Durch ein langes Elterngespräch versucht Frau Eckstein sich in die häusliche Situation der Familie Koch einzufühlen.

«Es ist schön, daß Sie *beide* meiner Einladung gefolgt sind. Oft erscheinen nur die Mütter, es ist aber für mich bzw. für Ihr Kind sehr wichtig, daß beide Elternteile an den Gesprächen teilnehmen.

Ich habe Kristina inzwischen zweimal zur Spieltherapie gesehen und versucht, einen ersten Kontakt aufzubauen. Kristina ist sehr scheu und hat bisher kein Wort mit mir gesprochen. Auch Körperkontakt lehnt sie energisch ab.»

«Ja, aber wie wollen Sie dann der Kristina helfen, wenn sie auch mit Ihnen nicht spricht? Das ist ja gerade das große Problem.»

«Ich spiele mit Ihrer Tochter und hoffe, daß dadurch ganz allmählich eine so gute Beziehung aufgebaut werden kann, daß sie mir eines Tages, vielleicht in versteckter Form, mitteilen kann, warum sie nicht mehr sprechen will oder richtig gesagt, nicht mehr sprechen kann. Ja, sie kann nicht mehr sprechen, weil sie offensichtlich seelisch zu sehr belastet ist. Erzählen Sie mir doch bitte, seit wann Sie die Veränderungen im Verhalten Ihres Kindes beobachtet haben.»

«Wir können uns überhaupt nicht erklären, was los ist mit ihr. Sie war immer ein recht fröhliches Kind, manchmal etwas jähzornig. Auch war sie sehr zutraulich und ging immer offen auf andere Menschen zu. Und dann fing es an mit den Schlafstörungen und der Unruhe. Sie ist jetzt fünf und kommt bald in die Schule. Sagen Sie uns, wie soll ein schweigendes Kind in der Schule klarkommen?!» Frau Koch ist erregt und kann kaum auf ihrem Stuhl sitzen bleiben.

«Die Schule ist jetzt gar nicht wichtig, zuerst muß Kristina wieder eine Beziehung zu ihrer Umwelt aufnehmen können», sagt Frau Eckstein ernst. «Ich glaube fast, Kristina hat etwas für sie sehr Schreckliches erlebt und sich aus Enttäuschung völlig von allen Menschen zurückgezogen. Ich habe mit ihrer Erzieherin telefoniert, und Frau Gerke bestätigte, daß Kristina ein unkompliziertes, plapperndes Mädchen war – bis vor ca. drei bis dreieinhalb Monaten. Was könnte passiert sein?»

«Ich kann es mir nicht erklären», sagt Herr Koch und kämpft mit den Tränen. «Früher kam sie mir entgegengelaufen, wenn ich abends von der Arbeit kam – sogar die Sesamstraße hat sie darüber vergessen! Und am Wochenende kam sie zu uns ins Bett, morgens, und dann wurde eine Runde geschmust; so sagte sie immer. Und jetzt ist nichts mehr! Furchtbar ist das! Ich mache mir auch Vorwürfe, daß wir erst jetzt etwas unternehmen.»

Die Kinderpsychologin vereinbart mit Kristinas Eltern, daß sie ihre Tochter zweimal wöchentlich zur Spieltherapiestunde bringen und selber einmal wöchentlich zu einem Elterngespräch erscheinen.

«Bei einem so starken und plötzlich auftretenden Mutismus muß ganz intensiv mit Eltern und Kind gearbeitet werden», erläutert Frau Eckstein dem Ehepaar Koch.

«Mutismus heißt diese Krankheit?» fragt Herr Koch.

«Ja, ein derartiges psychisch bedingtes Schweigen wird Mutismus genannt. Kristina kann nicht sprechen! Sie hat ihre Sprache nicht verloren, aber der gefühlsmäßige Druck muß so stark sein, daß Kristina nicht mehr sprechen kann. Und sie vermeidet ja auch jede Berührung.»

Frau Eckstein sieht Kristina jeden Montag und Donnerstag. Endlich, in der neunten Spielstunde, erhält Frau Eckstein einen Hinweis, was der Grund für Kristinas Mutismus ist. Beim Spielen mit einem für Kindertherapien entwickelten Puppenhaus stellt Kristina eine Situation, die für die erfahrene Kinderpsychologin sehr aufschlußreich ist.

Kristina legt eine kleine Puppe, die sie als Claudia bezeichnet, in ein Bett. Claudia schläft, und plötzlich kommt ein großer Mann zu Claudia ins Zimmer, zieht sie gegen ihren Willen aus und quält sie. Eine andere kleine Puppe namens Kristina hört Claudias Schreie und kommt in das Zimmer gerannt: zu spät. Claudia ist tot.

In weiteren Spielstunden erzählt Kristina ihr Erlebnis mit dem Bruder ihres Vaters, der sie sexuell belästigt hatte, als er Babysitter spielte. In Gesprächen mit den Eltern stellt sich heraus, daß Kristina mehrfach versucht hatte, dieses schreckliche Erlebnis ihren Eltern in verschlüsselter Form mitzuteilen, diese die Signale aber nicht verstanden.

Das Erlebnis verursachte die Sprachlosigkeit Kristinas. Dadurch, daß Kristina dieses Vorkommnis einem anderen Menschen mitteilen konnte, löste sich die erste Blockade. Kristina hatte ihre Sprachlosigkeit durchbrochen. Sie konnte Vertrauen zu Frau Eckstein entwickeln und fühlte sich von ihr angenommen. Langsam löste sich ihre Verstimmung auf. Sie konnte wieder lachen und weinen und sprechen.

Kristinas Eltern reagierten empört, ja verzweifelt auf die Tat ihres Bruders bzw. Schwagers. Sie lernten aber in den Elterngesprächen, ihre Schuldgefühle abzubauen.

Lange Zeit ging Kristina einmal wöchentlich zu «ihrer Frau Eckstein». Ganz überwindet sie den Mutismus erst nach vielen Monaten, und es bleiben Narben zurück, die auch noch nach Jahren sichtbar sind. Kristina hatte immer wieder Phasen, in denen sie unruhig schlief und sich neuen Menschen gegenüber zurückhaltend, ja zugeknöpft zeigte.

Elternsprechstunde Mutismus

Es gibt zahlreiche Gründe für das psychisch bedingte Schweigen eines Kindes, den Mutismus. Ihm muß kein einmaliges, traumatisches Erlebnis zugrunde liegen; er kann auch von einem langandauernden, gefühlsmäßig belastenden Klima in der Familie oder von einer schwierigen Beziehung zu nahen Verwandten oder einem Erzieher herrühren.

Mutismus ist eine psychoneurotische Sprechhemmung. Neben dem völligen Mutismus gibt es den teilweisen Mutismus, wenn Kristina z. B. nur ihrem Onkel gegenüber sprachlos geworden wäre. Bei dieser Form des Mutismus werden einzelne Kontakte oder Kontaktbereiche (z. B. Familie, Kindergarten, Schule) vom Sprechen ausgenommen.

Wenn Ihr Kind ein solches Verhalten an den Tag legt, sollten Sie den Gang zu einer nahegelegenen kostenlosen Beratungsstelle antreten.

Adressen können Sie dem kostenlosen Beratungsführer entnehmen, der von der Bundeszentrale für gesundheitliche Aufklärung, Postfach, 5000 Köln 100, herausgegeben wird.

Mutismus ist sehr ernst zu nehmen. Er ist immer Ausdruck einer schweren psychischen Belastung. Ich empfehle dringend, einen Pädagogen oder Psychologen aufzusuchen, der sich auf Kindertherapie spezialisiert hat.

KAPITEL 17

Sprachförderung durch Kommunikation

Störungen in der Beziehung zu anderen Menschen können sich auf die Sprachentwicklung auswirken. Umgekehrt kann eine Sprachstörung die Beziehung zu anderen Menschen erschweren. Ein angstfreies und warmes Verhältnis zu anderen Menschen ist die Voraussetzung für gute sprachliche und nichtsprachliche Kommunikation und damit auch Voraussetzung für Sprachentwicklung wie für die Förderung bei Störungen.

Sprachförderung wird erst wirksam bei einem bestimmten Erzieherverhalten, nämlich wenn *Kinder gleichberechtigte Partner* sind. Wir sollten uns vor Augen halten, wie groß unsere Macht über Julia ist, die gerade sprechen lernt, nicht nur weil wir soviel «besser» sprechen können, sondern weil Julia lebensnotwendig unsere Zustimmung und Zuwendung, unser Verständnis, kurz: unsere Liebe braucht.

Mit ihren zwei Jahren spricht sie noch keine richtigen Sätze, aber sie ist darauf angewiesen, daß sie unser gleichberechtigter Partner im Gespräch ist, daß wir nicht darüber hinweggehen, wenn sie uns in ihrem Julia-Kauderwelsch etwas mitteilt, und auch nicht so tun, als würden wir nicht kapieren, was sie gerade brabbelt.

Ob Julia sich sprachlich entwickeln kann oder auf Hindernisse stößt, hängt auch davon ab, ob Eltern und Erzieher sich und ihr ihre Bedürfnisse nach Zuwendung, Verständnis und Anerkennung erfüllen. Wenn das sprachlich und nichtsprachlich gelingt, werden die Eltern und Julia sich gut fühlen und sich ihren Möglichkeiten entsprechend entwickeln.

Selbstbewußtsein, Selbstwertgefühl, stabile Identität: das sind Schlüsselbegriffe für einen Menschen, der mit sich und seiner Umwelt zurechtkommt.

Eine positive Beziehung entsteht durch partnerschaftliche Kommunikation. Für partnerschaftliche Kommunikation gibt es Prinzipien.

Einfühlungsvermögen
Entwickeln Sie eine Antenne für das, was Ihr Kind Ihnen sagen will.

«Ich möchte heute bei dir schlafen» kann vieles heißen, z. B.:

«Ich habe Angst!»
«Ich habe letzte Nacht schlecht geträumt und fürchte mich!»
«Kommt Dracula heute nacht?»
«In meinem Zimmer kann ich nicht einschlafen.»
«Ich möchte einen Liebesbeweis.»

Ich-Botschaften
Oft überwiegen im Umgang mit Kindern die Du-Botschaften.
«Du bist laut.»
«Du bist böse.»
«Du bist faul.»

Besser Sie sagen deutlich, was Sie dem Kind mitteilen möchten, denn es ist ja *Ihrer Beurteilung nach* zu laut, böse oder faul. Ausgeruht empfinden Sie ja die Lautstärke des Plattenspielers als normal, das «Arschloch» als gerechtfertigt und das derzeitige Leistungstief in der Schule als durchaus verständlich, wenn Sie die psychische und physische Belastung Ihres Kindes in letzter Zeit berücksichtigen. Senden Sie daher lieber Ich-Botschaften.

«Ich bin müde und gestreßt, stell doch bitte den Plattenspieler leiser!»

«Ich finde ja, daß du irgendwie recht hast mit deiner Wut auf mich, aber mich stören nun mal – wie du weißt – diese deftigen Ausdrücke!»

«Ich verstehe, daß du dich im Moment nicht so gut konzentrieren kannst, die Sache mit Simon und Johannes hat dich sehr geschockt, nicht wahr?»

Vermeiden Sie: Befehle, Anordnungen, Ermahnungen, Drohungen, Zureden, Predigen, Moralisieren, Verurteilen, Beschuldigen, Beschimpfungen, Kränkungen, Belehrungen, Diagnostizieren, Psychoanalysieren. Wenn Sie z. B. psychologisieren, geht es Ihnen möglicherweise irgendwann wie Vater Kurt mit seiner fünfjährigen Tochter Mareike. Beide saßen im Kinderladen am Frühstückstisch:

Plötzlich flog Mareike ein dicker Legostein an den Kopf, und sie fing an zu weinen. Vater Kurt meinte daraufhin: «Ist doch nicht schlimm, hör auf zu heulen!»

«Du bist so erzogen wie Männer!» entfuhr es darauf Mareike. Wenn Sie häufig zu den oben genannten sprachlichen Mitteln greifen, hört Ihr Kind nach einiger Zeit entweder verängstigt, aufmüpfig oder gar nicht mehr zu.

Herabsetzende Äußerungen wirken sich auf Dauer negativ auf die psychische Entwicklung Ihres Kindes aus. Auch Sie haben an einer kränkenden Bemerkung Ihres Chefs zu knabbern, Ihr Kind ist gefühlsmäßig viel abhängiger von Ihnen als Sie von Ihrem Chef. Es hat Angst vor dem Verlust Ihrer Liebe, die es dringend braucht, um eine stabile Identität, ein ausgewogenes Selbstwertgefühl und eine gesunde Portion Selbstvertrauen aufzubauen.

Sie können nicht nur durch körperliche, sondern auch durch sprach-

liche Züchtigung Ihr Kind verunsichern und schädigen. Wenn Sie dem
Kind mitteilen, es sei blöd, unartig, rücksichtslos, so nimmt es das in sein
Selbst-Bild auf, empfindet sich als unintelligent, unangepaßt und ego-
istisch.

Wenn Sie dagegen Ich-Botschaften senden, offenbaren Sie sich, Sie öffnen sich, werden ein greifbarer und damit angreifbarer echter Kommuni-
kationspartner.

Das Kind hat nicht mehr das hilflose Gefühl, es sei ein offenes Buch für
Sie und Sie für das Kind ein strenges, moralisierendes, unfehlbares Wesen.

Dialog
Oftmals herrscht in der Kommunikation zwischen Kind und Erzieher
kein echter Dialog vor. Überprüfen Sie Ihr Sprachverhalten.

Wann lassen Sie einen Dialog zu?

Beenden Sie ein Gespräch dann, wenn es *Ihnen* paßt?

Ordnen Sie schließlich doch das an, was Ihrer Meinung nach richtig ist?

Gehen Sie auf Gesprächsanregungen des Kindes intensiv ein?

Versuchen Sie, seine Argumente zu verstehen?

Was würden Sie empfinden, wenn jemand zu Ihnen sagt:

«Ruhe jetzt!»

«Keine Widerrede!»

«Ab ins Bett!»

«Jetzt hab ich aber genug!»

134

«Ist doch alles Quatsch!»
«Wenn du unartig bist, gibt's was auf den Po!»
«Trödel nicht, du blöde Nervensäge!»

Zuhören

Zum Dialog gehört das Zuhören. Zuhören ist anerkennen.

«Ich werde mit meinen Gefühlen und Gedanken ernst genommen.» Gewisse Äußerungen wie Kopfnicken, «Schieß los!», «klingt interessant!» signalisieren die Bereitschaft zuzuhören. Durch gutes Zuhören ergibt sich Einfühlungsvermögen wie von selbst.

Kind: «Es ist alles Scheiße! Mein Gott, ich hab keinen Bock auf Schule!»

Vater: «Erzähl mal, ist irgendwas passiert, was dich geärgert hat?» statt: «Du mit deinem Null-Bock-Gequatsche gehst mir auf den Keks! Zu meiner Zeit gab's dieses Rumgehänge nicht, da wurde geschafft!»

Wenn Sie elf Jahre lang in der zweiten Version mit Ihrem Kind gesprochen haben, können Sie keine Wunder erwarten. Wenn Sie dann plötzlich Einfühlungsvermögen zeigen, wird Ihr Kind das als Schwäche erleben und sie ausnutzen.

Aber lassen Sie sich nicht entmutigen, sondern kaufen Sie sich das nächste Buch:

Schulz v. Thun, F.: Miteinander reden: Störungen und Klärungen.

Psychologie der zwischenmenschlichen Kommunikation, rororo Taschenbuchverlag 7489, DM 9.80

Gute Kommunikation kann man sich auch erlesen, am besten mit Ihrem Kind zusammen.

Gesprächsführungs- und Kommunikationskurse sind evtl. auch von Nutzen. Schauen Sie in Ihr Volkshochschulverzeichnis.

«Echt» sein

Sie sagen: «Komm auf meinen Schoß, Julchen!», sind aber mit den Gedanken ganz woanders und erleben es als lästige Pflicht, Ihr Kind trösten zu müssen. Tun Sie es lieber nicht.

Kinder reagieren sehr sensibel auf Widersprüche zwischen dem, was Sie sagen, und dem, wie Sie sich fühlen.

Wenn sie sich schlecht fühlen, dann sagen Sie es Ihrem Kind. Genauso, wenn Sie wütend, ärgerlich, enttäuscht sind. Es ist besser, als sich etwas abzuringen, was Sie doch nicht «bringen».

Seien Sie zu Kindern auch auf keinen Fall ironisch! Hat Justus Ihre Lieblingsplatte zertreten, kann ihn ein «Toll, wie du das immer schaffst!» sehr verunsichern. Sagen Sie offen und nicht ironisch, verletzend oder anklagend, daß Sie sich ärgern.

«Mama, du hörst ja gar nicht zu!» Ertappt: Dabei hatten Sie sich doch um einen interessierten Gesichtsausdruck bemüht. Sie hätten besser gesagt, daß es Ihnen im Augenblick schwerfällt zuzuhören. Wir sind schließlich keine Maschinen.

Metakommunikation

Metakommunikation: Sie begeben sich mit Ihrem Kind auf einen «Berg», um aus diesem höheren Blickwinkel die verfahrene Kommunikation zwischen ihnen beiden zu betrachten.

– Wieso landen unsere Gespräche immer so schnell in der Sackgasse?

– Wieso weiß ich schon im voraus, was du sagen willst, und nehme deine vermutliche Reaktion gleich in meine Aussage mit auf?

– Wieso sagst du, dein Gemeckere wäre eine Reaktion auf mein Verhalten? Ich sehe das genau andersherum!

Gute Metakommunikation heißt: Öffnen Sie sich, bemühen Sie sich um größtmögliches Verständnis für die Sichtweise des anderen. Die Gefahr ist groß, daß auf der Metaebene dieselben Fehler gemacht werden wie bei der normalen Kommunikation. Ein unvoreingenommener Dritter kann in dieser Situation Wunder wirken, vielleicht wird er zum Geburtshelfer von etwas Neuem zwischen Ihnen.

Teil III

Wenn alles anders ist

KAPITEL 18

Zweisprachige Erziehung

Sprachliche Mischehen gibt es heutzutage öfter, oder es gehen Familien mit Kindern für eine gewisse Zeit oder auch für immer ins Ausland. Welche Sprache sollen die Kinder nun lernen? Oder sollen sie gar in zwei Sprachen reden können?

Eine allgemeingültige Antwort für oder gegen zweisprachige Erziehung im Kleinkindalter gibt es nicht. Jedes Kind ist ein eigenwilliges Wesen. Was für Laressa die große Chance war, mit ihrer finnischen Mutter und ihrem deutschen Vater in Hannover zweisprachig aufzuwachsen, erwies sich für ihren jüngeren Bruder Viktor als Katastrophe. Laressa lernte von Anfang an beide Sprachen ohne Probleme, Viktor kam dagegen ins Schleudern und sprach mit vier Jahren wenig, und wenn, dann nur seiner Mutter und seiner Schwester verständliches Kauderwelsch.

Eltern sollten deshalb so früh wie möglich herausfinden, ob Zweisprachigkeit ihrem Kind gut bekommt oder es überfordert.

Falls Sie sich entschließen sollten, Ihr Kleinkind in zwei Sprachen zu erziehen, beachten Sie bitte folgende Punkte:

**Eine Person – eine Sprache
oder Muttersprache – Vatersprache**
Als Grundsatz gilt: eine Sprache wird durch eine Person vertreten.

Mutter Leena ist Schwedin und spricht gut Deutsch, der Vater ist Deutscher ohne Schwedischkenntnisse, die Familie lebt in Düsseldorf. Arnika und Björn hören von Geburt an beide Sprachen. Durch die Mutter lernen sie Schwedisch, durch den Vater Deutsch.

Die Muttersprache ist in diesem Fall Schwedisch und die Vatersprache Deutsch. Nach dem Prinzip: Eine Person – eine Sprache verkörpern Mutter und Vater für Arnika und Björn jeweils eine Sprache und die damit zusammenhängende Kultur sowie Wertsysteme. Die Familiensprache sollte Deutsch sein, da Deutsch die Umweltsprache ist, die rundherum gesprochen wird: im Kindergarten, im Geschäft, bei Bekannten und Freunden.

Familiensprache – Umweltsprache

In der türkischen Familie Sancar sprechen Vater Attila und Mutter Shirin Türkisch, der Vater etwas Deutsch, die Kinder Cemal und Bülent sind in der Bundesrepublik geboren und lernen in der Familie nur Türkisch. Mit zwei Jahren kommen Cemal und Bülent in die Krabbelstube des nächstgelegenen Kindergartens. Die Umweltsprache ist für Bülent und Cemal Deutsch, die Familiensprache Türkisch. Deutsch wird auch die bestimmende Sprache der Schulzeit werden und immer mehr Gewicht bekommen. Die Eltern Sancar sollten nur Türkisch mit ihren Kindern reden, so ist die sprachliche Struktur für die Jungen durchsichtiger, und weil die türkischen Eltern kein oder nur wenig Deutsch sprechen, wird eine Mischsprache vermieden.

Die stärkere und die schwächere Sprache

Lernen Kinder von Beginn an zwei Sprachen, so entwickelt sich sehr wahrscheinlich eine Sprache zur vorherrschenden und die andere zur schwächeren Sprache. Das hängt von vielen Faktoren ab: von der Gründlichkeit des Spracherwerbs und von Hör- und Übungsmöglichkeiten sowie psychischen und sozialen Gründen. Bei freier Sprachwahl greifen zweisprachige Kinder auf die Sprache zurück, die ihnen leichter fällt. Sie üben diese Sprache mehr und besser ein.

Oft ist auch der Einsatz der vorherrschenden Sprache an besondere Situationen und Themen und vor allem an die Umgebung gebunden. So erzählt Arnika gefühlsmäßige Erlebnisse lieber in Schwedisch, sobald sachliche Themen angesprochen werden, greift sie lieber auf Deutsch zurück.

Die emotionale und sprachliche Zuwendung

Gefühlsmäßige und sprachliche Zuwendung sind für die Sprachentwicklung Ihres Kindes von größter Bedeutung, unabhängig davon, ob Sie Ihr Kind ein- oder zweisprachig erziehen. Bei der zweisprachigen Erziehung vom Babyalter an ist Voraussetzung, daß beide Sprachen dem Kind mit gleicher Gründlichkeit vermittelt werden. Lehnt ein Elternteil das Kind bewußt oder unbewußt ab, wird sich die von diesem Elternteil vertretene Sprache wahrscheinlich nur schwach entwickeln.

Positive Einstellung zur Zweisprachigkeit

Eine bejahende Einstellung zur zweisprachigen Erziehung ist unabdingbare Voraussetzung für einen günstigen Verlauf der zweisprachigen Entwicklung.

Ebenso ist das Bewußtsein des Kindes für seine Zweisprachigkeit ab dem zweiten Lebensjahr zu wecken und zu fördern.

Kein Übersetzen, sondern Umschalten

Trainieren Sie mit Ihren Kindern das Umschalten in die jeweilige Sprache, jede Sprache sollte auf jeden Fall *direkt* benutzt werden. Sprechen Sie gerade englisch, soll Ihr Kind «table» sagen und nicht vom deutschen «Tisch» ins Englische übersetzen. Umschalten bedeutet nicht nur, daß Vokabeln abrufbar sind, sondern auch Sprachmelodie- und rhythmus, Sprachgestik- und -mimik zu wechseln. Das Kind fühlt, denkt und spricht in der gerade aktuellen Sprache.

Sprachverzögerung und Sprachstörungen durch Zweisprachigkeit

Herrschende Vorurteile gegen zweisprachige Erziehung (z. B. «Kinder sind überfordert», «...weisen häufig Sprachentwicklungsverzögerungen auf», «...sind motorisch ungeschickt, linkshändig und stottern oft») treffen nach neueren wissenschaftlichen Untersuchungen nicht zu. Der Wortschatz und die grammatischen Strukturen der schwächeren Sprache sind eventuell verzögert. Auffällig häufig tritt dies nicht auf. Das oft als Stottern bestimmte Wiederholen von Silben, Verzögerungen, Pausen etc. ist normal und selten echtes Stottern.

Die Kulturtechniken Lesen, Schreiben, Rechnen

Lesen und Schreiben in der schwächeren Sprache sollte Ihr Kind erst nach Abschluß der Sprach- und Sprechentwicklung und der Aneignung des Lesens und Schreibens in der herrschenden Sprache. Kann die stärkere Sprache fehlerlos geschrieben und flüssig gelesen werden, dann ist der richtige Zeitpunkt gekommen, diese Kulturtechniken in der schwächeren Sprache zu lernen. Schreiben und Lesen in der zweiten Sprache lernen die Kinder wie eine erste Fremdsprache in der Schule. Kinder zählen meist in der Schulsprache. Tip: Kielhöfer, Bernd/Jonekeit, Sylvie: Zweisprachige Kindererziehung, Stauffenberg Verlag, DM 16,–

In diesem Buch wird beispielhaft die Sprachentwicklung von Oliver und Jens dargestellt, die in Berlin mit einer französischen Mutter und einem deutschen Vater aufwachsen. Die Autoren sind für zweisprachige Erziehung, vergessen aber nicht, ihre eigenen Erfahrungen einzuschränken.

«Zweisprachige» Ratschläge

1. Die Erziehung zur Zweisprachigkeit sollte «natürlich» sein, das heißt, die Eltern oder die Umgebung sollten verschiedene Sprachen vertreten. Eine künstliche Zweisprachigkeit wäre es, wenn deutschsprachige Eltern in der Bundesrepublik ihren Kindern Englisch als zweite Sprache vom Kleinkindalter an vermitteln.

2. Die Verteilung: Eine Person – eine Sprache, oder die Verteilung: Familiensprache – Umweltsprache hat sich als besonders günstig erwiesen.

3. Die Zweisprachigkeitserziehung beginnt schon im Babyalter, und auch dort sollten schon die Verteilungsprinzipien von Punkt 2 beachtet und strikt durchgehalten werden.

4. Beide Sprachen müssen mit gleicher oder ähnlicher Gründlichkeit und Zuwendung dem Kind nahegebracht werden.

5. Vermitteln Sie Ihrem Kind eine bejahende Einstellung zur Zweisprachigkeit. Bringen Sie Ihrem Kind Land und Kultur der schwächeren Sprache durch Märchen und Lieder nahe.

6. Vermeiden Sie das Entstehen einer Mischsprache. Jede Sprache muß direkt angewendet werden. Ihr Kind sollte nicht eine Sprache in die andere übersetzen, sondern von einer Sprache auf die andere umschalten.

7. Überfordern Sie Ihr Kind vor allem in der schwächeren Sprache nicht – stellen Sie also keine übertriebenen Genauigkeitsansprüche. Schaffen Sie Gelegenheiten – z. B. Ferien, Schüleraustausch –, bei denen die schwächere Sprache zur Umgangssprache wird.

8. Lassen Sie sich durch Probleme nicht verunsichern. Zweisprachigkeit allein führt nicht zu Störungen – Sprachverzögerungen oder -störungen leiten sich nicht ursächlich aus der Zweisprachigkeit her.

9. Messen Sie negativen Vorurteilen zur zweisprachigen Erziehung keinen Wert bei. Suchen Sie in Zweifelsfällen das Gespräch mit dem Fachmann, der Fachfrau.

10. Falls besagte(r) Fachfrau oder Fachmann den Eindruck haben, daß Ihr Kind durch die zweisprachige Erziehung überfordert wird, versuchen Sie einen zweiten Start zur Zweisprachigkeit, wenn Ihr Kind die erste Sprache gut beherrscht.

KAPITEL 19

Erfolg mit links
oder
Das Märchen von der schönen Hand

Sind Sie auch – wie ich – ein «Ambidexter»? Ich kann Kuli und Gabel, Ball und Tennisschläger mit links und rechts halten und einsetzen.

Ambidexter sind Beidhänder. Die Entwicklung der Händigkeit – ob Rechts- oder Linkshänder – und die der Sprache verlaufen parallel. Diese «Händigkeit» hängt mit der Überlegenheit einer Gehirnhälfte zusammen. Sind Sie Rechtshänder, so ist Ihre linke Hirnhemisphäre tonangebend, sind Sie Linkshänder, so ist es die rechte. Und das gilt auch für das Sehen und Hören.

Das beginnt bereits im Säuglingsalter: Babies drehen den Kopf häufiger nach rechts – im Alter von ungefähr neun Monaten beginnt sich die bevorzugte Händigkeit auszubilden. Mit fünf Jahren ist diese Entwicklung weitgehend abgeschlossen, bei Mädchen in der Regel früher als bei Jungen. Bei 95 % aller Rechtshänder ist das Sprachzentrum in der linken Hirnhälfte lokalisiert. Linkshändigkeit ist nur ein Ausdruck der Vorherrschaft der rechten Hirnseite; Linksäugigkeit, Linksohrigkeit, Linkszüngigkeit, Linksfüßigkeit. Ausnahmen gibt es auch hier. So kann z. B. Linksohrigkeit mit Rechtshändigkeit kombiniert sein.

Häufigkeit des Vorkommens von Rechtshändigkeit, Linkshändigkeit und Beidhändigkeit:

Rechtshändigkeit (Dextralität) ungefähr 85–90 %
Beidhändigkeit (Bilateralität) ungefähr 5–10 %
Linkshändigkeit (Sinistralität) ungefähr 5–15 %
Aber es gibt auch sehr viele Mischformen.

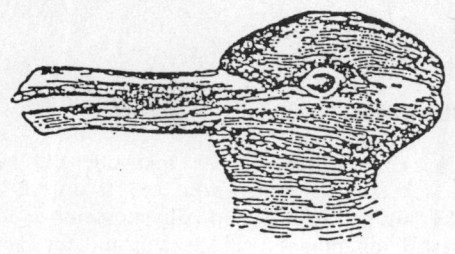

Linkshändigkeit   **Rechtshändigkeit**
                          Beidhändigkeit

a) sehr schwach
gewöhnt sich selbst durch
Nachahmung an Rechtshän-
digkeit

b) schwache Überlegenheit
der linken Hand, gebraucht
auch die rechte Hand ohne
große Schwierigkeiten

c) ausgeprägte Linkshändigkeit
Handlungen mit der rechten
Hand fallen schwer

d) starke Linkshändigkeit
zur Rechtshändigkeit unfähig

a) sehr schwach
Überlegenheit der Rechtssei-
tigkeit, ist links recht geschickt

b) schwache Überlegenheit
der rechten Hand, kann links
ohne Schwierigkeiten greifen
etc.

c) ausgeprägte Rechtshändigkeit, Handlungen mit der linken Hand fallen schwer

d) starke Rechtshändigkeit
zur Linkshändigkeit unfähig

Sind die Rechtshänder etwa Linksäuger?
Wie gesagt, können auch ausgeprägte Rechtshänder linksäugig in die
Welt schauen.
Was ist das für ein Tier?
Ente-Hase-Test nach Perret

Ergebnisse: Hase: Linksäuger
Ente: Rechtsäuger
Übergangstypen erkennen beide Tiere.

Elternsprechstunde

Wie verhalte ich mich, wenn mein Kind Links- oder Beidhänder ist?

Wie wirken sich Abweichungen von der als normal empfundenen Rechtshändigkeit auf die Sprach- und Allgemeinentwicklung Ihres Kindes aus? Und: Ist Beidhändigkeit ein Idealzustand der Vielseitigkeit und Ausgeglichenheit?

Bei allen paarig angelegten Organen und Gliedmaßen des Menschen kann das eine überlegen sein. Französische Forscher haben prähistorische Steinwerkzeuge untersucht und herausgefunden, daß in grauer Vorzeit (Neolithikum) die Verteilung von Rechts- und Linkshändern etwa 50:50 gewesen sein muß.

Unter den heute existierenden sogenannten primitiven Naturvölkern finden sich ebenfalls mehr Linkshänder als bei uns im sogenannten zivilisierten Europa. Nach neueren Untersuchungen soll die Erbanlage zur Rechts- oder Linkshändigkeit auch heute noch etwa 1:1 sein.

Beidhändigkeit scheint das Ursprüngliche zu sein. Unsere rechtshändig orientierte Kultur züchtet aber eben überwiegend Rechtshänder. Erworbene Linkshändigkeit kann durch Geburtstraumen, Gehirnerkrankungen, Lähmungen, Amputation etc. verursacht sein.

Parallel zur Seitigkeit verläuft die Sprachentwicklung. Menschen verfügen bei der Geburt über zwei Sprachzentren, von denen sich das eine parallel zur Entwicklung der Handmotorik durch Mehrgebrauch der kulturell bevorzugten Hand prächtig entwickeln und entfalten kann, das andere, in der Regel das rechte, verkümmert.

Bedenklich wird es immer dann, wenn die anlagemäßige Vorherrschaft nicht beachtet oder bekämpft wird, etwa durch Umerziehung des Linkshänders zur Rechtshändigkeit.

Versuchen Sie, die anlagebedingte Seitigkeit Ihres Kindes herauszufinden und zu fördern.

Ihr Nachwuchs soll als Baby und Kleinkind ausprobieren dürfen, mit welcher Hand es essen, grüßen, greifen, malen, kneten, nuckeln, fangen möchte. Der Spruch von der «schönen Hand» gehört in Omas pädagogische Mottenkiste.

Wenn Sie Ihr Kind entgegen seiner Veranlagung zur Rechtshändigkeit anhalten oder sogar zwingen, dann bedeutet dieses eine Gefahr für die Sprach- und Allgemeinentwicklung. Bei umerzogenen Linkshändern können Störungen in Bewegung, Sprache und Schrift (z. B. Legasthenie) auftreten, die möglicherweise durch die Rückkehr zur linken Hand wieder verschwinden.

Der nicht umerzogene Linkshänder entwickelt oftmals eine Beidhändigkeit, da seine rechte Hand durch die rechtsorientierte Umwelt funktionstüchtiger ist als die oftmals verkümmerte linke Hand des Rechtshänders.

Tabelle zur Überprüfung der sprachlichen Entwicklung

Diese Tabelle gibt nur eine grobe durchschnittliche Orientierung. Jedes Kind ist ein Individuum. Und die Natur kennt keine Norm. Abweichungen in erheblichem Ausmaß können zwar auf Probleme hindeuten, müssen das aber keineswegs. Gelassenheit ist auch hier eine sehr wichtige Tugend.

Wenn es das 1. Lebensjahr vollendet, sollte Ihr Kind:
- den Mund überwiegend geschlossen halten
- seinen Speichel herunterschlucken
- den Löffel mit Lippen und Zunge abschlecken
- die Stimme so modulieren, daß Sie daraus auf seine Stimmungslage schließen können
- husten, quietschen, gurren, nachahmen.

Am Ende des 2. Lebensjahres sollte Ihr Kind:
- feste Nahrung kauen
- die Vokale A, E, I, O, U benutzen
- Tierlaute nachahmen
- zwei einfache Wörter nachsprechen (zum Beispiel Mama, Papa, Oma, Ball, Bett, Puppe)
- die Konsonanten M, B, P sprechen
- eventuell auch schon die Konsonanten D, F, L, N, T, W
- einige Bezugspersonen mit Namen ansprechen.

Am Ende des 3. Lebensjahres sollte Ihr Kind:
- gängige Verben wie schlafen, essen, ausruhen, streicheln, rufen aussprechen
- von sich selbst mit seinem Vornamen sprechen
- einige Eigenschaftswörter verwenden, z. B. schön, lieb, heiß, weich
- ab und zu auch Artikel gebrauchen, wie z. B. das Bett, der Tisch
- die ersten Fragen stellen: «Isn das?», «Heißt du?»
- Selbstgespräche und Gespräche mit Puppen und Tieren führen.

Am Ende des 4. Lebensjahres sollte Ihr Kind:
- schwierig zu artikulierende Konsonanten wie S, Sch, R richtig aussprechen
- Fürwörter wie «mein», «dein», «ich», «du» benutzen
- ein Erlebnis so erzählen, daß Sie der Geschichte folgen können
- ab und zu die Mehrzahl richtig bilden, z. B. die Autos, die Menschen, die Bälle, die Zimmer, die Tische

- erkennen und benennen, was die Kinder in dem Bilderbuch gerade machen, z. B. «Der Junge spielt», «Das Baby schläft»
- sich an die Vergangenheitsform heranwagen, wie z. B.: «Wir waren bei Opa und Oma!», «Ich habe eine Katze gesehen.»

Am Ende des 5. Lebensjahres sollte Ihr Kind:
- die Konsonantenverbindungen ch, ck, ng, nt, sp, fr in entsprechenden Wörtern wie «Schlauch», «gucken», «eng», «Ente», «Spiegel», «Freitag» richtig bilden
- kleine kurze Nebensätze benutzen, z. B.: «Die Mainzelmännchen sind lustig, findest du nicht auch?»
- einige Farben benennen, z. B. blau, rot, gelb
- einige Körperteile zeigen, benennen und kurz die Funktion erläutern, z. B. «Hier ist mein Bein», «Ich laufe mit den Füßen».

Wenn es sieben ist, sollte Ihr Kind:
- Oberbegriffe finden, z. B. für Katze, Maus, Elefant, Vogel = Tiere
- Unterschiede herausfinden und erklären, z. B. «Mit dem Auto fährt man, mit dem Flugzeug fliegt man»
- aus drei bis fünf Wörtern einen kompletten Satz formulieren, z. B. Mutter, einkaufen, essen
- Phantasiegeschichten erfinden und erzählen
- eine kurze Geschichte verständlich erzählen.

Tabelle zur Überprüfung der Hörentwicklung

Im ersten Lebensjahr sollte Ihr Kind:
- bei einem plötzlichen Geräusch zusammenzucken
- Sie anschauen, wenn Sie mit ihm ein Gespräch beginnen
- interessiert lauschen, wenn Sie anfangen zu singen
- mit einer Veränderung seines Gesichtsausdrucks reagieren, wenn Ihre Stimme lauter wird, weil Sie sich z. B. geärgert haben.

Am Ende des zweiten Lebensjahres sollte Ihr Kind:
- eine genannte Person («Wo ist Peter?») mit den Augen suchen
- bei der Aufforderung «Komm in meine Arme» auf Sie zulaufen, ohne daß Sie die Arme ausstrecken
- die Aufforderung zum Klatschen befolgen
- auf seinen Namen reagieren
- auf Fragen des Alltagslebens («Möchtest du dein Kuscheltier haben?») eine deutliche Reaktion zeigen.

Bis zum Ende des dritten Lebensjahres sollte Ihr Kind:
- auf Worte reagieren, die Sie nicht durch Gestik und Mimik unterstützen
- auf Dinge im Bilderbuch zeigen, die Sie ihm benennen, z. B. «Wo ist der Hund?»
- Sie nachahmen, wenn Sie einen einfachen Takt klopfen, ohne daß es Sie beobachten kann.

Falls Sie starke Abweichungen von diesem Soll-Katalog bei Ihrem Kind feststellen, ziehen Sie einen Fachmann oder eine Fachfrau zu Rate. Nicht rechtzeitig erkannte Mängel beim Hören verzögern die Sprachentwicklung empfindlich.

Hinweise zur Sprachtherapie

Falls Ihr Kind Probleme mit seiner Sprache hat, sollten Sie aus Kostengründen als erstes zum Kinder- oder Hals-Nasen-Ohren-Arzt gehen. Dieser kann ihm, falls notwendig, eine Sprachtherapie verschreiben, so daß Sie nicht mit unnötigen Kosten belastet werden.

Der Sprachtherapeut muß das Rezept des Arztes mit der Verordnung der sprachtherapeutischen Behandlung bei der Kasse einreichen. Diese genehmigt die Verordnung des Arztes – oder auch nicht. Falls nicht, wird das Kind in der Regel einem Gremium des Gesundheitsamtes vorgestellt, das feststellen soll, ob die beabsichtigte Therapie notwendig ist und Erfolgsaussichten hat.

Diese Vorstellung beim Gesundheitsamt ist für das Kind mit psychischen Belastungen verbunden. Es wird oft wenig einfühlsamen Fachleuten vorgeführt und muß – oft im größeren Kreis – Kostproben seiner sprachlichen Fähigkeiten liefern. Falls diese Vorstellung nicht zu umgehen ist, bereiten Sie sich und Ihr Kind gut darauf vor.

Nützlich ist es, vor diesem Termin eine(n) Sprachtherapeuten(in) zu suchen, zu dem Sie und Ihr Kind eine gute Beziehung aufbauen können. Lassen Sie sich von einem Therapeuten die Sprachstörung des Kindes und seine Therapieaussichten erläutern, damit Sie dem Gremium nicht hilflos ausgeliefert sind, ja dem dort Diagnostizierten eventuell etwas entgegensetzen bzw. es besser verstehen können.

Welcher Therapeut?

Es gibt verschiedene Sprachtherapeuten mit unterschiedlichen Berufsbezeichnungen. Hier sind sie:

Logopäde: ein mehr medizinisch ausgebildeter Sprachtherapeut. Staatlich geprüfter Logopäde (Fachschule).

Sprachtherapeut: Staatlich anerkannter Sprachtherapeut, ist pädagogisch und medizinisch ausgebildet (Fachschule).

Diplom-Pädagoge (mit dem Schwerpunktfach Sprachbehindertenpädagogik): ein pädagogisch ausgebildeter Sprachtherapeut, der im Rahmen seines Hochschulstudiums auch medizinisch ausgerichtete Veranstaltungen besucht und diese in sein sonderpädagogisches Konzept integriert. (Ähnlich der Sonderschullehrer mit dem Hauptfach Sprachbehindertenpädagogik)

Atem-, Sprech- und Stimmlehrer (Schule Schlaffhorst-Andersen): Fachschulausbidlung ähnlich der zum staatlich anerkannten Sprachtherapeuten.

Arzt: Kinder- oder HNO-Arzt mit einer Fachausbildung in Phoniatrie-Pädaudiologie (selten!).

Der Nachteil der Logopädenausbildung ist die zu einseitige medizinische Ausrichtung, der Nachteil der pädagogischen Ausbildung ist die mangelnde Praxis während des Studiums, die durch die verpflichtende fünfjährige Tätigkeit nach der abgeschlossenen Ausbildung zur Erlangung der Kassenzulassung ausgeglichen wird.

Es ist auch weniger die Ausbildung des Sprachtherapeuten, die ihn zum richtigen Therapeuten Ihres Kindes macht, als vielmehr der Kontakt, die Beziehung, die der Sprachtherapeut zu Ihnen und Ihrem Kind aufbaut.

Über ein gründliches theoretisches Wissen und praktisches Handwerkszeug verfügen in der Regel alle Therapeuten, der persönliche Eindruck ist daher ausschlaggebend, neben anderen Kriterien:
- Liegt die Praxis in der Nähe Ihrer Wohnung?
- Welchen Gebührensatz verlangt der Therapeut bei Privatversicherten?
- Ist er auf Störungen – in diesem Falle auf die Ihres Kindes – spezialisiert?
- Wie wichtig ist dem Sprachtherapeuten die Elternarbeit?

Falls er offensichtlich keinen gesteigerten Wert auf eine gute Zusammenarbeit mit Ihnen legt, rate ich zur Vorsicht. Allein in den Therapiestunden (35 bis 50 Minuten) ist eine Therapie, erst recht seit dem Kostendämpfungsgesetz und der damit verbundenen Zurückhaltung der Ärzte beim Verschreiben von Sprachtherapie, kaum zu einem befriedigenden Abschluß zu führen; die Mitarbeit der Eltern/Bezugspersonen ist unbedingt erforderlich.

Für die Einführung und Anleitung der Elternarbeit nimmt sich ein guter Sprachtherapeut immer Zeit!

Falls Ihr Kind nach § 39 Abs. 1 des Bundessozialhilfegesetzes als Person gilt, die durch eine Beeinträchtigung der Sprachfähigkeit nicht nur vorübergehend wesentlich behindert oder von einer solchen Behinderung bedroht ist, wird nach dem BSHG Eingliederungshilfe gewährt. Fragen Sie Ihren Kinder- oder HNO-Arzt oder Ihren Sprachtherapeuten.

Adressen

Medizinische Institutionen

Abteilung für Phoniatrie und Pädaudiologie der Abteilung für HNO-Krankheiten der Technischen Hochschule, Goethestr. 27–29, D-5100 Aachen

Abteilung für Audiologie und Phoniatrie der HNO-Klinik des Universitätsklinikums Steglitz, Hindenburgdamm 30, D-1000 Berlin 45

Abteilung für Sprach- und Stimmstörungen der Universitäts-HNO-Klinik, Waldstr. 1, D-8520 Erlangen

Abteilung für Sprach- und Stimmstörungen der Universitäts-HNO-Klinik, D-3400 Göttingen

Abteilung für Stimm- und Sprachstörungen der HNO-Klinik der Medizinischen Hochschule Hannover, Konstanty-Gutschow-Str., D-3000 Hannover 61

Abteilung für Sprach- und Stimmstörungen der Universitäts-HNO-Klinik, Martinistr. 52, D-2000 Hamburg-Eppendorf

Abteilung für Stimm- und Sprachstörungen sowie Pädaudiologie der Universitäts-HNO-Klinik, Voßstr. 7, D-6900 Heidelberg

Universitätsklinik für Kommunikationsstörungen, Langenbeckstr. 1, D-6500 Mainz

Abteilung für Sprach- und Stimmstörungen der Universitäts-HNO-Klinik, Deutschhausstr. 3, D-3550 Marburg

Abteilung für Sprach- und Stimmstörungen, Audiologisches Zentrum der Universitäts-HNO-Klinik, Kardinal-von-Galen-Ring 10, D-4400 Münster

Abteilung für Phoniatrie und Audiologie der Universitäts-HNO-Klinik, Silcherstr. 5, D-7400 Tübingen

Phoniatrische Ambulanz der Universitäts-HNO-Klinik, Frauensteige 14a, D-7900 Ulm

Abteilung für Phoniatrie und Pädaudiologie der HNO-Klinik der Universität im Kopfklinikum, D-8700 Würzburg

Adressen von Sprachtherapeuten erhalten Sie

- bei Ihrer Krankenkasse
- bei den Gesundheitsämtern
- bei Ihrem Kinder- und HNO-Arzt
- bei den Sonderschulen und Sonderkindergärten
- im Branchenverzeichnis der Post
- von der «Deutschen Gesellschaft fü Sprachheilpädagogik», Rostocker Str. 62, D-2000 Hamburg

Verbände und Beratungsstellen

Arbeitsgemeinschaft für die Rehabilitation der Hör- und Sprachbehinderten, Bundesministerium für Arbeit und Sozialordnung, Bonner Straße 89, D-5300 Bonn

Bundesarbeitsgemeinschaft «Hilfe für Behinderte e. V.», Kirchfeldstr. 149, D-4000 Düsseldorf

Deutsche Gesellschaft zur Förderung der Hör- und Sprachgeschädigten, Grenzacker 6, D-2000 Hamburg 54

Deutsche Gesellschaft für Sprach- und Stimmheilkunde, Abteilung für Sprach- und Stimmstörungen, Waldstr. 1, D-8520 Erlangen

Deutsche Gesellschaft für Psychotherapie und Tiefenpsychologie, Myliusstr. 20, D-6000 Frankfurt

Deutsche Vereinigung für Kinder- und Jugendpsychiatrie, Artuswall 13, D-1000 Berlin 28

Heilpädagogische Beratungsstelle, Heckscherstr. 4, D-8000 München

Kinderneurologisches Zentrum, Hartmühlenweg 2–4, D-6500 Mainz

Stephansstift Hannover, Fachschule für Heilpädagogik, Sprechstunde für sprachgestörte Kinder, Kirchröder Str. 49 a, D-3000 Hannover 61

Sprachheilzentrum, D-2940 Wilhelmshaven

Sprachheilzentrum, D-7980 Ravensburg

Rehabilitationseinrichtungen für Kinder und Jugendliche, Verzeichnis des Marhold Verlages, Hessenallee 12, D-1000 Berlin 19, enthält nach Bundesländern geordnete kinderpsychiatrische, neurologische HNO- und Kinderkliniken.

Bücher

Kinderbücher vermitteln Wissen, unterhalten, entwickeln Phantasie und fördern auch die Sprachentwicklung. Betrachten und Lesen von Büchern löst gedankliche, von Sprachsymbolen begleitete Prozesse aus.

Im Alter von zwei bis drei Jahren fangen Kinder an, Handlungen gedanklich vorwegzunehmen. Kinder in diesem Alter lösen sich vom «handgreiflichen» sensomotorischen Lernen und entwickeln eine anschauliche, von Dingen und Erfahrungen abgelöste Intelligenz.

Am Anfang benennen Kinder die abgebildeten Gegenstände, später erzählen sie kleine Geschichten zu den Bildern. Comics üben schon auf kleine Kinder eine große Anziehungskraft aus. Es gibt zahlreiche gute Comics für kleine Kinder, die keineswegs bei den Kindern zu einer Comic-Sprache mit dem bekannten WHOMM! KREISCH! WÜRG! OHA! BRAMM! führen.

Die guten Comics für kleine Kinder sind meistens ohne Text.

PLAUEN, G. E.: Vater und Sohn, Diogenes Verlag, Zürich, 120 S., 29,– DM
FROMM, L.: Muffel und Plums, Otto Maier Verlag, Ravensburg, 5,80 DM
RETTICH, R. und M.: Hast du Worte? Otto Maier Verlag, Ravensburg, 18,80 DM
RETTICH, R. und M.: Was ist hier los? Otto Maier Verlag, Ravensburg, 7,50 DM
RETTICH, R. und M.: Kennst du Robert? Otto Maier Verlag, Ravensburg, 7,50 DM
RETTICH, R. und M.: Hier kommen die Radieschen, Otto Maier Verlag, Ravensburg, 7,50 DM
RETTICH, R. und M.: Von früh bis spät Radieschen, Otto Maier Verlag, Ravensburg, 7,50 DM
PRESS, H. J.: Der kleine Herr Jakob, Otto Maier Verlag, Ravensburg, 16,80 DM
LEMKE, S. / PRICKEN, M.-L.: Willi Waschbär tut das auch, Otto Maier Verlag, Ravensburg, 7,80 DM

Bei allen diesen Bildgeschichten wird das freie Sprechen gefördert, der Wortschatz erweitert, das Erkennen von Bildfolgen und Sinnzusammenhängen geübt, die Begriffsbildung unterstützt. Diese Geschichten sind auch ohne erklärenden Text verständlich. Ihr Kind wird auf optimale Weise angeregt, darüber nachzudenken. Dabei kommt es darauf an, genau zu beobachten, das Beobachtete zu verbinden und aus Vergleichen und Unterschieden zu Schlußfolgerungen zu gelangen.

Wenn Sie häufig zusammen mit Ihrem Kind Bilderbücher und Bildergeschichten betrachten, wird Ihr Kind irgendwann selber zu Büchern greifen, diese mit Aufmerksamkeit und Konzentration studieren und Ihnen davon erzählen.

Kinder zwischen drei und fünf lieben Geschichten mit phantasiereichen, unwirklichen und beunruhigenden Elementen wie «Peter und der Wolf», «Wo die wilden Kerle wohnen» von M. Sendak (Diogenes, Zürich, DM 19,80). Die Spannung und das Rätsel werden durch wiederholtes Erzählen oder Vorlesen verringert, gruselige Gefühle immer faßbarer.

Beim Vorlesen können sich die Kinder im Zuhören üben, einer Fähigkeit, die später sehr gefragt sein wird. Bücher bieten den Kindern Möglichkeiten zur Identifikation, verbessern ihr Symbolverständnis, erhöhen die Konzentrationsfähigkeit, regen die Phantasie an und begünstigen sprachliches Denken.

Achten Sie bitte darauf, daß der Inhalt für Ihr Kind interessant ist. Nur weil *Sie* sich sehr für Indianer interessieren, frönt Ihr Kind noch nicht derselben Leidenschaft.

Die Illustrationen sollten geschmackvoll und nicht überladen sein und der Text dem Alter Ihres Kindes angemessen.

Das Weiterspinnen unvollendeter Geschichten hat schon so manches Kind an Bücher herangeführt. Weiterspinnen kann es auch im Rollen- oder Puppenspiel.

F. K. Waechter hat im Anhang seines Buches «Wir können noch viel miteinander machen» (Parabel Verlag, 22,– DM) eine Anleitung zum Spiel mit den Hauptpersonen seiner Geschichte gegeben.

Andere Möglichkeiten, etwas aus Geschichten zu machen:
– Sie lesen ein Buch vor, und Ihr Kind illustriert die Geschichte anschließend.
– Sie dramatisieren zusammen die Abenteuer der «Kleinen Hexe» (Preußler, Thienemann Verlag, DM 16,80) oder des «Kleinen Vampir» (Rowohlt Verlag).

Es wird Krach gemacht, geheult, getobt, gezittert, geschmust.

Weitere Informationen über Bilder-, Kinder- und Jugendbücher erhalten Sie vom «Arbeitskreis für Jugendliteratur», Kaulbachstraße 40, 8000 München.

Schallplatten und Kassetten

Wenn Ihr Kind gern Platten oder Kassetten hört, dann nutzen Sie diese Medien zur Sprachförderung!

Platten und Kassetten sollten allerdings das Vorlesen nicht ersetzen oder gar verdrängen, aber gegen das dosierte Hören von Geschichten über diese Tonträger ist nichts einzuwenden.

Da Kinder Platten und Kassetten immer wieder hören und oft auswendig kennen, werden Verständnisschwierigkeiten oft im Laufe der Zeit wie von selbst behoben. Es gibt viele schöne Bilderbücher, die mit guten Tonprodukten kombiniert sind. Sie sollten beim Kauf von Platten und Kassetten auf Folgendes achten:

– daß die Schauspieler deutliche Umgangssprache sprechen
– daß nicht zu schnell gesprochen wird
– daß die Stimme und Geräusche akustisch voneinander zu unterscheiden sind
– daß Lieder eingebaut sind
– daß die Handlung überschaubar ist
– daß der Ort der Handlung nicht zu oft wechselt.

Die Broschüre «Schallplatten für Kinder» ist für Eltern und Erzieher sehr zu empfehlen. Sie können sie über den Friedrich-Bödecker-Kreis e. V., Sophienstr. 2, 3000 Hannover 1, beziehen.

Spiele und andere Materialien

Ich stelle Ihnen hier Materialien vor, die Sie zur Sprachförderung Ihres Kindes einsetzen können.

Allgemeine Sprachförderung
Wörter Duo, Denkspiel zur Förderung der Sprache, des Wortschatzes und des sprachlogischen Denkens (Finken Verlag, Oberursel)

Mein erstes Lotto, mit ihm kann der Wortschatz erweitert, das Abstraktionsvermögen und das Sehen geschult werden (Otto Maier Verlag, Ravensburg, 20,–DM)

Sprachlernspiele, Ziel: genauer sprechen, besser buchstabieren und lesen durch Hören und Absehen vom Mund. Es fördert die Aussprache und Lautanalyse (Otto Maier Verlag, Ravensburg, ca. 50,–DM)

Kreiselspiele, sie fördern die sprachliche Ausdrucksfähigkeit, helfen, den Wortschatz zu erweitern, und üben die Feinmotorik (verschiedene Hersteller).

Lottino, mit ihm kann der Wortschatz erweitert und das Sehen, besonders die Formerfassung, gefördert werden (Otto Maier Verlag, Ravensburg)

Wir ziehen um, Förderung der Sprache, des logischen Denkens und Erweiterung des Wortschatzes (Puzzle, Otto Maier Verlag, Ravensburg, 9,–DM)

Förderung des logischen Denkens
FA FO ME Farben – Formen – Mengen (Otto Maier Verlag, Ravensburg)

Förderung des Gedächtnisses und der Konzentration
Koffer packen (Otto Maier Verlag) oder spielen Sie *Verstecken.*

Förderung der Fein- und Grobmotorik
Packesel Feinmotorik (Schmidt)

Angelspiel Feinmotorik (verschiedene Hersteller) zwischen 15,– und 60,– DM

Hüpf mein Hütchen Feinmotorik (Schmidt)

Förderung der Wahrnehmung
Diese Spiele sind bis auf eine Ausnahme alle über den Otto Maier Verlag, Ravensburg, zu beziehen.

Simile Serie Es fördert die Fähigkeit, beim Sehen zu unterscheiden, Konzentration und Ausdauer.

Schau genau und *Differix* fördern die Fähigkeit, beim Sehen zu unterscheiden, und die Konzentration.

Junior Domino Förderung des Sehvermögens und der Fähigkeit, dabei zu unterscheiden.

Quips Es fördert die Fähigkeit, Farben benennen und unterscheiden zu können, sowie die Mengenerfassung.

Bunte Ballone Es fördert die Fähigkeit, die Farben benennen, unterscheiden und zuordnen zu können.

Mein erstes Lotto Fördert das Sehvermögen und die Unterscheidungsfähigkeit dabei sowie das Vermögen, Begriffe zu bilden.

Colorama Fördert die Fähigkeit, Formen und Farben unterscheiden zu können, und die Feinmotorik.

Farben und Formen Fördert die Fähigkeit, beim Sehen unterscheiden zu können sowie Farben und Formen auseinanderzuhalten und benennen zu können.

Wortspiele Sprich genau – hör genau: Fördert die Fähigkeit, Laute unterscheiden zu können, die deutliche Aussprache, erweitert Wortschatz und entwickelt die Begriffsbildung.

Sprechlernspiel Fördert die Lautanalyse und Aussprache. Wörter sprechen – Laute hören: Fördert das Hören.

Verzwickt Fördert das Sehen von Formen und das Erkennen von Strukturen.

Blinde Kuh Fördert den Tastsinn und das Vorstellungsvermögen.

Farben-Türmchen Fördert die Fähigkeit, Farben unterscheiden zu können (Spear).

Mit Kindern leben

Raimund Pousset (Hg.)
Der erste Urlaubskoffer
222 Ferienspiele: Rätselhaftes, Witziges,
Spannendes und Kriminalistisches für
jung und alt (7914)

I. Schmollinger-Bornmann/H. Bornemann
Kinder, Kresse, rote Rüben
Tips und Geschichten für Eltern mit
Garten oder grünem Balkon (7818)

Beate Seeßlen-Hurler
Bunte Nudeln und Schokoquark
Erfolgsrezepte für Kinder aus der
Bio-Küche (7858)

Horst Speichert
Süße Sachen
Ein Rezeptbuch für gesunde Naschereien
(7481)

Autoren der Zeitschrift «spielen & lernen»
Toben, Turnen, Bewegen mit Kindern
Anregungen für zu Hause und den
Kindergarten (7678)

Paul Walter
Ideen für Gruppenspiele
Für Feste und Freizeit (7459)

Praktische Tips,
Ideen,
Hilfen für Alltag
und Freizeit
mit Kindern

Mit
Kindern
leben

ro
ro
ro

C 2181/2c

Mit Kindern leben

Arbeitsgruppe Kinderschutz (Hg.)
Gewalt gegen Kinder
Kindermißhandlungen und ihre Ursachen
(6934)

Tobias Brocher
Wenn Kinder trauern (7950)

Lucille K. Forer/Henry Still
Erstes, zweites, drittes Kind . . .
Welche Bedeutung hat die Geschwister-
folge für Kinder, Eltern und Familie
(7471)

Fricke/Klotz/Paulic
Sexualerziehung
Handbuch für die pädagogische Gruppen-
arbeit, für Berater und Eltern (7684)

Thomas Gordon
Familienkonferenz
Die Lösung von Konflikten zwischen
Eltern und Kindern (7347)
Familienkonferenz in der Praxis
Wie Konflikte mit Kindern gelöst werden
(7461)

Gunhild Grimm/Inga Bodenburg
So werden Kinder sauber
Schwierigkeiten und Erfolge (7895)
Was will das Kind denn bloß?
Kleine Kinder verstehen und ihnen mehr
Erfahrungen ermöglichen (7566)

Helmut Kentler
Eltern lernen Sexualerziehung
(7440)

Linde von Keyserlingk
Naschen, trödeln, träumen . . .
Die tiefere Bedeutung von «Unarten».
Möglichkeiten der Verständigung mit
Kindern (7386)

Eine Auswahl
Verstehen:
den Alltag mit
Kindern
entkrampfen

Mit
Kindern
leben
rororo

C 2181/2e

Mit Kindern leben

Mit
Kindern
leben

rororo

C 2181/2d